읽고 쓰고 듣고 말하는 4차원 입체 독서법!

큐빅 리딩

읽고 쓰고 듣고 말하는 4차원 입체 독서법!

큐빅리딩

초   판 1쇄 2019년 06월 10일
개정증보판 1쇄 2019년 10월 04일

지은이 김주헌
펴낸이 류종렬

펴낸곳 미다스북스
총괄실장 명상완
책임편집 이다경
책임진행 박새연, 김가영, 신은서
책임교정 최은혜, 강윤희, 정은희

등록 2001년 3월 21일 제2001-000040호
주소 서울시 마포구 양화로 133 서교타워 711호
전화 02) 322-7802~3
팩스 02) 6007-1845
블로그 http://blog.naver.com/midasbooks
전자주소 midasbooks@hanmail.net
페이스북 https://www.facebook.com/midasbooks425

© 김주헌, 미다스북스 2019, *Printed in Korea*.

ISBN 978-89-6637-714-5 03190

값 **15,000원**

미다스북스는 다음세대에게 필요한 지혜와 교양을 생각합니다.

개정증보판

읽고 쓰고 듣고 말하는 4차원 입체 독서법!

큐빅 리딩

김주헌 지음

미다스북스

다른 길을 찾을 수밖에 없었다. 대학 졸업 후 변리사를 2년 동안 공부했지만 낙방했다. 30살이 넘기 전에는 취업을 해야 할 것 같았다. 운이 좋게 소방업체 연구원으로 입사했지만 2년을 못 채우고 사직했다. 그 후 소방 간부직 공무원 공부를 3년 동안 했는데 또 떨어졌다. 수험서는 쌓여만 가고 언제까지고 공부만 할 수 없는 노릇이었다. 당시 수험 공부를 때려 칠 핑곗거리를 찾고 있었는지 모른다. 때마침 4차 산업혁명과 최순실 사태가 눈에 들어왔다. 세상은 급변하고 있었고 가장 공평하다는 공무원 시험이 아니었다. 적어도 내가 봤을 땐 그랬다. 그래서 내 길을 개척하기로 했다.

단행본은 수험서를 정리하다가 중간에 껴 있던 게 눈에 들어와 우연치 않게 읽었다. 『스무 살에 알았더라면 좋았을 것들』인데 읽다 보니 재밌어 2시간 내로 후딱 다 읽어버린 기억이 난다. 그때부터 미친 듯이 분야를 가리지 않고 책과 신문을 읽기 시작했다. 이건 신세계와 다름없었다.

수험 기간이 길다 보니 반전이 생겼다. 대리 만족이라고나 할까. 독서가 재밌을 수밖에 없었다. 매일 폐쇄된 공간에서 엉덩이와의 싸움, 수험서와 씨름하는 일뿐이었는데 시중에 있는 책은 자유로운 내용으로 가득

차 있었다. 특히 수험서와는 달리 무한반복으로 회독 수를 늘리는 작업을 하지 않아도 상관없었다. 한 번 읽고 말거나 대충 읽다가 덮어도 결과에 책임질 필요가 없었다. 피치 못하게 얻은 공부 요령을 독서에 십분 활용하기로 마음먹었다.

책을 읽다 보면 깊게 파고들기 마련이다. 독서를 꾸준하게 할 수 있었던 이유도 재밌고 술술 읽혀서다. 내 경우 독서량이 쌓인 후 자기계발서를 떼고 인문 고전으로 단계를 높였다. 여기에 그치지 않고 내가 공부한 게 맞는지 확인하기 위해 독서 토론을 병행했다. 마음에 와닿는 문구는 메모하거나 필사했고 글을 정리하다 보니 책을 집필하게 되었다. 절대 자기위안 삼으려고 독서하지 않았다. 철저히 써먹기 위해 읽었다.

저자 파워가 형편없으니 거창한 것을 쓰고 싶어도 그럴 수 없었다. 성공하지도 않았는데 성공을 논하면 거짓말쟁이가 되는 느낌이랄까. 그렇다고 독서 강국 거론하면서 독서법을 쓰고 싶지도 않았다. 좋아하면서 잘하는 게 독서고 남들 안 하는 데 길이 있다고 생각했다. 아이러니하게도 독서문맹이 가져온 유니크한 현상이다. 작업하면서도 느낀 생각이지만 독서하는 자체만으로도 희소성이 생긴다. 생계수단도 공학기술과 글쟁이 기술을 엮어 실용적인 교육으로 쓸모 있는 지식을 가르치고 있다.

콘텐츠는 '독서법'이다. 자료를 찾고 원고를 작성하다 보니 딱히 내세울 만한 독서법은 없다는 게 뇌리를 파고들었다. '읽기'만 넣으면 재미없을 것 같아서 '쓰기 · 듣기 · 말하기' 모두 집어넣었다. 대충할 생각은 없어서 언어학과 기호학을 공부했는데, 노암 촘스키와 페르디낭 드 소쉬르에서 착안해 작업했다. 언어를 과학적으로 분석한 건 처음 봤다. 은유는 잘만 써먹으면 못 쓸 게 없다는 사실도 이때 깨달았다. 나중에는 의욕이 생겨 뇌 과학, 심리학까지 파고들었다.

이미 잘하고 있는 사람을 흔들고 싶은 마음은 추호도 없다. 꾸준한 독서를 유지하고 있는 독자는 '이런 생각도 할 수 있구나.' 정도로 이해했으면 한다. 이 책은 전반적으로 주인공의 '성장 과정'을 그린 스토리다. 멘토를 만나고 배우면서 깨달아가는 과정을 각 챕터에 담았다. 1장은 '독서'다. 먹고살기 위해 '큐빅리딩' 이론을 꺼내들었다. 이를 통해 주인공은 시작과 끝이 읽기로만 끝나는 독서가 아닌 책 내용을 써먹는 실용적인 독서를 시작한다. 2장부터는 '쓰기 · 듣기 · 말하기'다. 1장에서 꺼내놓은 카드를 주워 담으려고 주인공이 전문가들을 만나 대화하는 모습을 스토리텔링 방식으로 구성했다. 5장은 '읽기'다. 주인공은 알고리즘을 완성하고 더 나아가 언어와 기호로 입체적인 세상을 바라보게 된다.

이 책은 내 '도전기'다. 경험과 지식, 생각을 적절히 버무렸다. 바라건대

큐빅리딩

사고가 독서법에 갇혀 있거나 독서 교육에 관심 있는 사람들이 읽었으면 한다. 시작과 끝이 독서에만 머물러 있거나 써먹지 않는 독서에 회의감을 느끼는 독자가 읽었으면 한다. 고정관념이나 세대차를 느끼는 부모자식에게는 참고가 됐으면 한다. 불확실한 미래를 걱정하는 사람은 꼭 읽었으면 한다. 그리고 나처럼 자기만의 길을 개척하는 친구들에게 힘이 됐으면 한다. 끝으로 네 살배기 조카가 빨리 자라서, 이 책을 읽을 수 있는 날이 오기를 기대해본다.

주위에 독서가 취미이거나 독서모임 회원인 분들로부터 읽은 책에 대한 되풀이 감상을 듣는 일로 고통 받는다면 이 책을 선물하셔도 좋겠습니다. 삼촌이 중고생 조카를 설득하듯 쉽게 읽히지만, 독서를 읽기와 말하기로만 여겼던 분들이라면 이 책을 읽은 후 독서법에 진지한 변화가 생길 수 있겠습니다. 큐빅 리딩의 말하기와 쓰기로 해소될 수 있는 심리적 정신과적 문제들과 관련된 이익도 결코 과소평가할 수 없습니다.

독서를 단지 읽기만이 아니라 쓰기, 듣기, 말하기까지 확장시켜 자기 위안에 그치지 않고 철저히 써먹으라고 설득합니다. 이 책을 통해 입체적, 능동적 독서법을 차근차근 배울 수 있습니다.

― 이병회(첨단종합병원 정신과 전문의)

지행일치(知行一致). 숱하게 들어온 격언이지만 얼마나 많은 사람들이 실천하고 있을까. 책을 단순히 돈벌이를 위한 자기계발 교재로 쓰려는 사람, 책을 읽으면서 세상과 교감하려는 사람, 책을 읽고 실제 행동을 변화시키려는 사람에게 독서가 주는 가치는 다르다. 이 책은 단순한 책읽기를 넘어 입체적으로 사고하고, 직접 글을 써보고, 타인과 교류하면서 독서의 가치를 높일 것을 권한다.

이 책은 그렇다고 '어떻게 읽어라!'라고 직접 가르쳐주거나 강요하지 않는다. 가상의 인물 지한의 고민의 산물인 '큐빅 리딩'과 그가 만나는 사람들의 조언과 읽은 책들로부터 얻은 지혜를 경험하게끔 해 독자가 스스로 자기 나름의 독서법을 고안하도록 방향을 알려주는 나침반 역할을 할 것이다.

— 오은지(KIPOST 기자)

문학과 비문학이 어우러진 글이다. 소설처럼 읽으면서 진짜 독서란 무엇인가를 다시 한 번 생각할 수 있는 계기가 되었다. 주인공을 통해 오래전 꿈 많던 내 모습을 돌아보는 것 같았다. 자기만의 길을 개척한다는 게 힘든 싸움인 것을 나는 알고 있다. 지금 이 순간, 네 조카처럼 내 조카도 잘하리라 믿는다.

— 류정한(뮤지컬 배우)

독서 능력이나 성향은 저마다 다르다. 따라서 이 책은 저마다 가장 적합한 독서법을 찾도록 안내한다. 독서 책이 갖춰야 할 제일의 미덕이지만 다른 책들에서는 찾아볼 수 없는 미덕이다.

— 김이수(시인)

큐빅리딩

3장 ｜ **듣기** [Reading – Listening]

4장 | 말하기 [Reading – Speaking]

5장 | 읽기 [$f(\text{R}) = \text{W} \times \text{L} \times \text{S}$]

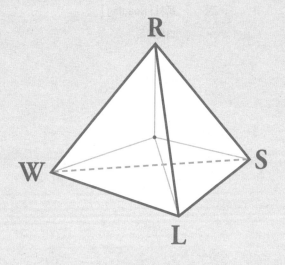

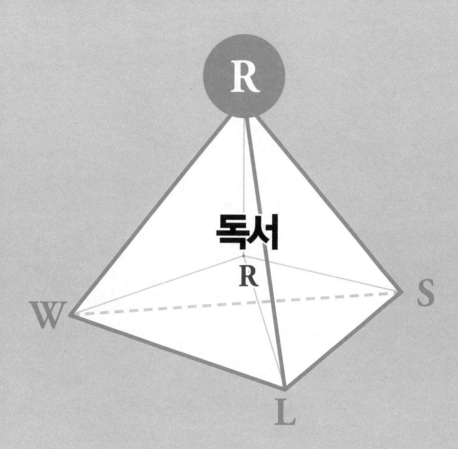

01

독서에
정석은 없다

지한은 사직했다. 딱히 뭘 생각하고 나온 것은 아니다. 현실 도피 같은 마음이 더 컸다. 그렇다고 다시 수험공부 하기를 원하진 않았다. 시험은 진절머리가 날 정도로 쓴맛을 봤다. 전전하던 고시원을 떠나며 남이 가는 길은 절대 따라가지 않겠다고 마음먹었다. 상황은 이래저래 죽도 밥도 아니게 흘러갔다.

'뭐 해서 먹고살까.'

고민 끝에 흔해 빠진 책에서 답을 구하고자 했다. 잘하던 것을 십분 활용하기로 했다. 공부는 수험 요령이 있어 잘 모르는 분야라도 자신 있었다. 가리지 않고 읽다 보니 누구나 출간하는 게 독서법이었다. 지한도 그들처럼 할 수 있을 것 같았다. 그때부터 시중에 있는 독서법을 섭렵하기 위해 밤낮을 가리지 않고 서점, 도서관을 부단히 싸돌아다녔다. 독서법을 집필하기로 마음먹었다.

그러나 불신은 예고 없이 찾아왔다. 어떤 저자 말을 따르는 게 옳은지 판단이 서질 않아서다. 독서법 관련 서적을 읽을수록 찜찜한 느낌은 커져만 갔다. 평점이 좋은 책을 읽어도 맞지 않는 게 많았다. 지한에게는 빨리, 많이 읽어도 어차피 까먹을 지식이었다. 이 상태로는 책을 집필해도 다른 사람들 복사본에 불과했다. 독서에 필요성을 못 느끼니 의지가 꺾이기 시작했다. 텅 빈 마음이 지갑과 다를 바 없었다.

지한은 갈피를 잡지 못하고 방황하고 있었다. 여느 때와 같이 독서와 검색을 일삼던 중, R교수 칼럼이 눈에 들어왔다. 주제는 '생존과 독서'였다. 독서법은 지겹게 봐온 터라 뻔한 '생존독서'라고 생각했다. 속는 셈치고 글을 읽었다.

'뭔가 좀 다른데?'

R교수는 인문학 강연으로 꽤나 이름 있는 사람이었다. 그가 말하는 의도는 '생존하려면 독서해라.'가 아니었다. 그를 제대로 판단하기 위해 유튜브에서 독서 강연을 찾아 표정, 제스처를 모두 확인했다. 의심은 확신으로 변했다. 당장이라도 R교수를 만나야겠다고 마음먹었다. 그를 만나면 독서에 대한 실마리를 찾을 수 있을 것 같았다. 체면이나 염치를 따질

때가 아니었다. 먹고살자고 하는 일에 눈치고 뭐고 없었다. 검색을 통해 소속 학교를 알아내고 수소문 끝에 개인 연락처도 알아냈다. 그리고 차분한 어조로 통화를 시도했다.

"교수님, 안녕하세요. 저는 김지한이라는 사람입니다."

"네. 안녕하세요. 그런데?"

"이렇게 불쑥 연락드려 죄송합니다. 다름 아니라 저에게 시간 좀 내주실 수 있는지요?"

R교수는 뜬금없는 소리에 멈칫했다.

"무슨 용건이시지요?"

"얼마 전 교수님 특강을 유튜브로 시청했는데, '생존과 독서'란 주제가 너무 인상 깊었습니다. 그래서 몇 가지 자문을 구하고 싶어서요."

"그러시군요? 혹시 저희 학교 교수실로 오실 수 있나요. 이번 주 목요일 학교에 가니 오후 3시경 오시면 됩니다."

"감사합니다. 그날 뵙겠습니다."

지한은 R교수가 바쁘다고 거절할 줄 알았다. 하지만 뜻밖의 수락에 무척 기뻤다. 바로 스마트폰에 약속일정을 저장하고 도서관으로 직행했다. R교수 강연을 고려해 한 가지 질문에 집중하기로 했다. '독서법'이다.

D-day. 한 시간 전 교수실 앞에 도착했다. 명망 높은 교수라 긴장이 밀려왔다. 미팅에 집중하기 위해 마음을 추스르고 메모를 들춰봤다. 얼마 지나지 않아 R교수가 모습을 드러냈다. 자주 본 얼굴이라 그다지 낯설지 않았다. 지한은 고개 숙여 정중히 인사했다.

"안녕하십니까. 일전에 연락드린 김지한이라고 합니다."

"자네가 지한 군인가? 그래, 들어갑시다."

R교수는 통화할 때와 달리 친숙한 목소리로 지한을 방으로 안내했다. 방은 생각보다 넓었다. 책장에는 고전, 인문, 철학, 교육, 전공서적이 가득했다. 학창 시절 지도교수 방에 들락거렸던 기억이 되살아났다.

"앉아요. 그런데 지한 군은 전공이?"

"건축공학입니다."

"난 건축과 교수가 아닌데 왜 나를 찾아왔어요?"

"사실 K건설에서 2년간 근무하고 지난달 퇴사했습니다. 저만의 길을
개척하고 싶어서요."

"아니, 어쩌다 K건설에서 나왔어요? 남들은 못 다녀서 안달이 난 회사
를. 그래, 대책은 있고?"

"그 대책을 강구하고자 만남을 청했습니다."

R교수는 언뜻 이해가지 않는다는 표정을 지었다.

"그래, 어디 얘기나 한번 들어봅시다. 무엇이 알고 싶은가요?"

"우선 시간 내주셔서 감사합니다. 바쁘시니 한 가지만 여쭤보겠습니다.
다름 아니라 독서법이란 게 있나요?"

R교수는 잠시 생각에 잠겼다. 그리고 부드러운 어조로 말을 이었다.

"제가 독서 전문가도 아니고 큰일이네요. 그래도 아는 대로 설명 드릴게요. 결론부터 말씀드리면 '독서법은 없다'고 생각합니다. 독서를 자기계발 차원에서 본다면 있을 수도 있지만 저는 없다고 봐요."

"그런데 시중에 보면 독서법에 대한 책들이 많이 나와 있잖아요."

"그렇긴 합니다. 그 핵심 내용들을 나름 축약하면 '양과 질', '속도'로 정리할 수 있습니다. 이를 다시 세분하면 양과 질은 ①습관과 ②N독, 속도는 ①속독과 ②정독이라 할 수 있죠. 대개 이 범주 안에 있습니다. 독서법이라 하기엔 좀 그렇고 책을 통해 일종의 변화를 도모하라는 메시지라고 생각합니다. 대개 옛 성현과 성공자, 전문가의 근거를 들어 책 읽기에 관한 방법론을 제시한 겁니다. 그리고 독자들에게 그들처럼 행해야 한다고 말하고 있어요. 굳이 이런 것을 독서법이라고 할 순 없습니다."

지한은 당황했다. 뭔가 다른 게 나올 줄 알았는데 자기도 모른다니 어처구니없었다. 다시 하나라도 얻어야겠다는 집념으로 질문을 이었다.

"그럼 왜 그 많은 독서법 책이 팔릴까요?"

"꼭 집어 말할 수는 없지만 이런 생각을 해봅니다. 얼마 전 모 검색사이트에서 '○○○의 10분독서'라는 것을 봤습니다. 이것을 보고 조금 놀랐습니다. 우리나라 사람들의 성향이 드러난다고나 할까요. 뭔가 빨리빨리 해치우자는 습성이 있구나하는 생각이 들더군요. 독자가 책을 읽고 요약하는 게 아니라 남이 읽어서 요약해주길 바란다는 겁니다. 독서는 밥이에요. 인스턴트식품이 아니고요. 밥할 때는 쌀을 씻고 밥솥에 넣어서 취사 버튼을 누르죠? 나중엔 뜸 들이게 되고요. 그만큼 시간이 필요한 작업이라는 겁니다."

"독서는 독서법으로 해결하는 게 아니라는 말씀이시군요?"

"이런 책들을 보면 독서하는 방법을 제시하곤 합니다. 가령 '독서하면 좋다. 습관을 바꿔라. 많이, 빨리'와 같이 말이죠. 이를 압축하면 '독서는 옳다'고 할 수 있습니다. 그런데 독자 입장에서는 실천해야 하는 건 결국 자기라는 사실을 알고 있습니다. 실천 없이 책만 읽은 독자는 시간 낭비라고 느낄 수 있습니다. 쓸모없고 써먹지 못한 독서에서 변화를 찾기란 쉽지 않기 때문입니다."

"그렇군요. 독서법 관련 책들이 독자에게 책임 전가를 하는 것 같기도 합니다. 실천 가능한 논리적이고 실용적인 독서법이 있으면 좋겠는데요."

"사실 그런 건 없습니다. 하지만 사람들은 '컴퓨터 ○○○처럼 7일 완성' 한다는 식을 바라죠. 요즘 이런 것을 '요약시대'라고 합니다."

"편하게 가려고 한다는 거죠?"

"여행의 참된 재미는 목적지로 향하던 경로에서 벗어나 길을 잃고 헤매는 과정에 있습니다. 동해안 일출을 보았던 기억만큼이나 길을 잘못 드는 바람에 해 뜨는 광경을 놓치고 말았던 에피소드가 생생하게 남는 것도 이 때문이죠. 인간의 기억은 성공과 실패의 잣대로만 나뉘는 것은 아닙니다. 독서와 영화 같은 문화 체험도 마찬가지입니다. 요약과 압축은 무엇보다 잔재미와 디테일을 앗아가 버립니다. 치열한 고민이 수반되는 추론과정을 생략한 채 결론만 제시하는 것이 사고력 향상에 도움이 될 리 없습니다. 영미권 대학에서 '강의실에서 발표 요약을 위한 파워포인트 사용을 금지해야 한다.'는 주장이 심심치 않게 나오는 것도 이 때문입니다."

"기존 독서법이라는 건 바로 잔재미와 디테일을 놓친다는 이야기, 말하자면 '여행을 할 것인가, 관광을 할 것인가'라고도 생각할 수 있겠네요?"

"아주 좋은 비유입니다. '해외여행을 갈 때 자유여행을 할 것인가 아니면 패키지여행을 할 것인가'하는 차이라고 볼 수 있습니다. 자꾸 이런 이야기를 하는 건 결국 '여행법' 같은 건 없다는 겁니다. 이처럼 독서를 하는 데 ○○법, 'How'는 없다는 게 제 생각입니다."

"그러니까 자신에게 꼭 맞는 독서법은 없다는 말씀이군요."

"그렇습니다. 독서법이 대안이 될 수는 있지만, 방법을 결정하는 건 언제나 '독자의 몫'입니다. 참고는 하되, 자기만의 스킬을 만들어가는 것이 하나의 과제일 겁니다. 저는 이것을 '능동적인 독서'라고 합니다."

"능동적인 독서라는 단어를 쓰셨는데 그게 무슨 말씀이신가요?"

"시간상 다 이야기할 순 없고 간단하게 말씀드리겠습니다. 사실 제가 연구하는 '코드'라고 할 수 있는데, 전문용어로 '큐빅리딩(Cubic Reading)'이라고 합니다. 강의할 때 사용하는 '알고리즘'입니다."

"방금 알고리즘이라고 하셨는데, 독서에도 알고리즘 같은 게 있나요?"

"제가 자주 쓰는 방식인데 쉽게 말씀드리면 '패턴'이라는 거죠. 큐빅리딩은 목표 달성 도구에 불과합니다. 정확히 말하면 쓰기 · 듣기 · 말하기 효율을 높일 수 있는 '입체적' 접근 방법이라고 할 수 있겠네요. 평면적 시각으론 전후좌우 사방을 파악하기 힘듭니다. 예를 들어 드론이란 게 없을 때는 개인이 일상생활을 하늘에서 볼 수 없었지요. 이런 이야기를 하는 건 독자가 평면적 읽기만 실천했을 가능성이 크기 때문입니다. 독서가 재미없고 무의미해지는 데는 다 이유가 있습니다. 대부분 독서는 읽기로 시작과 끝이 이뤄지는 경우가 많습니다. 제 이야기는 '독서는 읽기가 아니라 쓰기·듣기·말하기'라는 겁니다. 이젠 기존 독서에 대한 생각을 바꿔야 합니다. '독서는 읽기'라는 고정 관념이 주변을 돌아보지 못하게 합니다. 이제는 발상의 전환이 필요합니다. 이게 제가 말하는 능동적 독서입니다."

"어려운 이야기였는데 대화 말미에 능동적 독서라는 화두를 던져주셨네요. 시간 되시면 다시 찾아뵙고 더 구체적인 이야기를 듣고 싶습니다."

"그래요. 여유가 없으니 깊은 이야기를 못 나눈 게 저도 아쉽네요. 아무튼 독서 전문가의 길을 가는 데 조금이나마 도움이 되길 바랍니다."

"감사합니다! 교수님. 조만간 다시 찾아뵙겠습니다."

지한은 곧장 도서관으로 향했다. 배가 고프긴 했지만 밥이 급한 게 아니었다. 도착하자마자 노트에 적은 큐빅리딩을 뚫어지게 쳐다봤다. 어떻

큐빅리딩

게 시간이 흘러가는지도 모른 채 자리에서 일어날 줄 몰랐다. 어두워지는 밤을 따라 생각도 깊어져갔다.

02

큐빅리딩의
알고리즘

지한은 능동적·입체적 독서법을 만들기로 결심했다. 문제는 나만의 방법이었다. 그동안 다른 사람의 독서법만 찾아다녔지, 직접 만들 생각은 해보지 않았다.

'내 것을 만들자. 나만의 방법.'

갈피가 잡히지 않자 메모했던 노트를 꺼내들었다. 적어놨던 큐빅리딩을 보며 R교수와의 만남을 돌이켜봤다. 독서법과 알고리즘, 큐빅리딩이 머릿속을 떠나지 않았다. 알고리즘 개념도 생소한데 큐빅리딩이 와닿을 리 없었다. 이론을 들으며 감탄했던 기억만 남아 있었다. R교수의 영상, 칼럼, 논문까지 뒤졌지만 이해하기 힘들었다. 그만큼 큐빅리딩은 미지의 세계였다. 그래도 혼자서 해볼 때까지 하고 찾아가리라 마음먹었다. 사소한 것까지 물어보는 건 염치없는 일이라 생각했기 때문이다. 한 달이 지날 무렵 R교수로부터 문자가 왔다.

'마이웨이 잘 진행하고 있습니까? 시간되면 한번 봅시다.'

지한은 문자를 확인하고 답신을 넣었다.

'언제 가능할까요? 편하신 시간 알려주시면 바로 달려가겠습니다.'

'그럼 내일 괜찮나요? 오후 수업이 있으니 오전 10시경이 좋겠네요.'

'시간 맞춰 가겠습니다. 감사합니다.'

다음날 지한은 깔끔하게 차려입고 학교로 향했다. 음료를 사들고 20분 일찍 방 앞에서 대기했다. R교수는 출근 전이었다. 초조하게 기다리며 필기 내용을 살펴보던 중 그가 모습을 드러냈다. 인사하며 악수를 청했다.

"그간 별일 없으셨죠? 이렇게 불러주셔서 감사합니다."

"자네 같은 친구를 보면 교육자가 의욕이 생긴단 말이지. 열정이 인상

깊어 안부를 묻게 됐네요. 중도 포기한 건 아닌지 궁금하기도 했고.”

“값진 시간 허투루 쓰면 되겠습니까? 연락하고 싶었던 마음은 굴뚝같았습니다. 하지만 중요한 걸 여쭤봐야 할 것 같아서요. 날로 먹는 단점과 익혀 먹는 장점을 알고 있습니다.”

“허허 그래그래, 내가 사람 잘못 본 게 아니라니깐. 연구하면서 진척은 있었나요?”

“제자리인 것 같습니다. 겉만 핥는다는 느낌이랄까요.”

“우리 지난번에 어디까지 얘기했죠?”

“교수님께서 큐빅리딩이란 말씀을 하셨습니다.”

“그럼 오늘은 좀 더 ‘깊이 있게’ 얘기해봅시다.”

지한은 노트를 펼쳐들고 메모할 자세를 취했다. 눈과 귀에 온 신경을 쏟았다. R교수는 자연스럽게 운을 뗐다.

"본론으로 들어가기에 앞서 몇 가지 이야기를 먼저 해야겠네요. 교육에서 가장 중요한 건 본질을 깨우치게 하는 일입니다. 그 뿌리의 공통분모는 초등교육에 있다고 봅니다. 나이를 막론하고 살아가는 데 누구나 통용되는 지식이어야 하기 때문이죠. 그런데 대부분의 사람은 그 사실을 간과하며 살고 있어요. 그중 언어는 글과 말을 포함합니다. 구체적으로 '글'은 읽기·쓰기로 '말'은 듣기·말하기 영역으로 세분하죠. 특히 이중에서도 '읽기'는 현상을 시각적으로 바라보는 모든 행위를 말합니다. 여기엔 독서도 당연히 포함되겠죠? 하지만 상호 연계되는 읽기를 독서로 한정 짓기에는 한계가 있습니다. 가령 읽기는 눈에 보이는 현상뿐만 아니라 본질을 파악하는 고차원적인 행위도 포함하기 때문입니다."

지한에게는 복잡했다. 철학적인 소재가 다소 낯설었다. 초등교육이 중요하다는 말은 이해했다. 하지만 R교수는 '독서는 읽기에 포함된다, 다시 읽기는 현상과 본질이 파악하는 게 다르다'고 했다. 그래도 이런 자리는 쉽게 가질 수 없는 기회였다. 배우는 자세로 다음 이야기에 귀 기울였다.

"아는 것만 보인다'는 말은 '보이는 것이 전부가 아니다'란 말과 같습니다. 이런 표현은 단순 지식이 아닌 축적된 지식을 실생활에 표현하면서 나오지요. 우리는 모르는 지식, 알더라도 애매한 지식을 정리할 필요가 있습니다. 그래야 예측하지 못한 변수에 대비할 수 있는 '슬기로운 생활'

을 할 수 있습니다. 독서는 지식에서 지혜를 터득할 수 있는 매개체입니다. 특히 시간과 장소에 구애 받지 않고 저자 경험과 생각을 효율적으로 줄일 수 있는 '간접' 수단입니다. 그렇다고 이 간접 경험이 고스란히 내 것이 될 수는 없지요. 간접과 '직접'은 분명 차이가 있습니다. 이 오차를 좁히는 과정이 '교육의 본질'이라고 생각합니다."

지한은 R교수의 입을 따라 눈과 손을 바쁘게 움직였다. 무거운 분위기가 호흡을 힘들게 했다. 그래도 입은 닫고 귀는 기울였다.

"제가 서론이 좀 길었네요. 자, 이제 본론으로 들어갑시다."

R교수는 화두를 바꾸었다. 그리고 화이트보드에 그림을 그렸다.

"큐빅리딩은 입체적 독서를 위한 사면체 모델입니다. 이는 게슈탈트 심리학에서 말하는 '전체는 부분의 총화, 그 이상'이라는 지각 경향을 가정해서 만들었어요. 뼈대는 건축구조에 쓰이는 '트러스'를 가정해서 만들었습니다. 사각형은 외부의 힘에 변형되기 쉬운 반면 삼각형은 훨씬 안정적이기 때문이죠. 죽기 전에 꼭 알아야 할 세상을 바꾼 발명품 1001에 선정되기도 했습니다. 재료는 탄소를 사용했어요. 연필심은 다이아몬드와 마찬가지로 탄소로 이루어져 있지만 '공유결합'하는 다이아몬드에 비할 바

는 아니죠. 이런 과정을 거치는 이유는 단일평면과 불완전한 언어체계를
다각도로 살펴보기 위함입니다." 1)

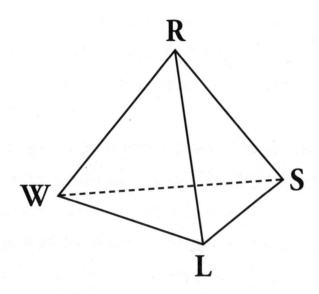

"이제 감이 좀 잡히네요. 언어가 불안정하고 복잡하니 안정화시키는 툴
이 '큐빅리딩'인 것 같습니다. 사방에서 볼 수 있어야 하고요."

"제가 이런 이론을 강조하는 데는 다 이유가 있습니다. 이젠 독서를 책
읽기에만 한정하지 말고 그 영역을 확장할 필요가 있다는 겁니다. 앞서
말한 것처럼 읽기를 입체로 바라보면 그 확장 가능성은 무궁무진합니다.
정보에만 치중한 독서, 실천하지 않는 독서, 포기하는 독서, 읽은 후 바뀌

지 않는 독서는 오롯이 읽기가 시작이자 끝이기 때문에 발생하는 문제입니다. 일방통행을 '쌍방향 읽기'로 바꾸는 작업을 해야 합니다."

"듣고 보니 저 역시 '독서 = 책 읽기'라는 고정 관념을 가지고 있었던 것 같습니다. 독서에서 '책'을 떼면 '읽기'가 자유로워지네요. 방금 읽기의 확장이란 말씀을 하셨는데 구체적으로 말씀해주실 수 있나요?"

"큐빅리딩은 상호보완 관계라고 할 수 있습니다. '읽기(R)'와 '쓰기(W)·듣기(L)·말하기(S)' 관계는 필요충분조건입니다. 일상에서 겪은 '쓰기·듣기·말하기'가 '읽기'에 적지 않은 영향을 끼칩니다. 각 영역은 긴밀하게 연결되어 있으며 경험은 누적, 확장되어 다른 영역에 영향을 미칩니다. 이미 '쓰기·듣기·말하기'가 관여하여 수월한 '읽기'가 됐을 수도 있습니다. 아니면 '읽기' 후 '쓰기·듣기·말하기'의 과정을 거쳐 새로운 기준이 확립될 가능성도 배제할 수는 없습니다. 가령 처음 접하는 책이 술술 읽히는 이유가 바로 이 때문입니다."

"그러네요. 어디서 쓰고 듣고 말했던 경험이 책에 고스란히 담겨 있을 때 읽는 게 수월했던 것 같아요. 경험상 전문지식이라도 그랬던 것 같고요. 교수님이 말씀하시는 읽기는 다소 난해한 문제인 것 같습니다."

큐빅리딩

"그래서 다각도로 접근할 필요가 있다는 겁니다. 사실 입력부(읽기 · 듣기)와 출력부(쓰기 · 말하기) 모듈은 두루 쓰이고 있습니다. 이미 실생활에 적용되고 있지만 대부분 인지하면서 살아가지는 않죠. 문제는 이렇게 나눠놓으면 따로 놀 수 있다는 겁니다. 실제로 우리는 초등학교에서 글(읽기 · 쓰기)과 말(듣기 · 말하기)을 따로 떼어놓고 배웠습니다. 중요한 건 읽기는 쓰기 · 듣기 · 말하기를 위한 수단일 뿐이라는 겁니다. 시각으로 인지한 지식이 쓰기 · 듣기 · 말하기와 상이한 경우가 빈번하기 때문입니다. 우리가 알고 있는 지식이 온전한지 검증할 방법은 자신이 직접 겪고 확인하는 수밖에 없습니다. 이 과정을 통해 얻는 건 지혜입니다. 큐빅리딩은 입력된 '지식'을 '지혜'로 출력하는 작업입니다. 여기서 꼭 짚고 넘어갈 부분이 있습니다. 언어는 읽는 순간만이 아닌 쓰고 듣고 말하는 동안 동시다발적으로 의미작용이 이뤄진다는 점입니다. 독서한계를 확장할 가능성을 열어주고 있는 거죠. 독서는 타 영역과 일체일 때 그 의미가 더욱 크기 때문입니다. 따라서 '후천적 요인'을 제어할 수 있는 방법을 강구해야 합니다. 읽기보다 쓰기 · 듣기 · 말하기를 강조하는 이유인 거죠."

"그러니까 기존 독서에 대한 생각을 바꿔야 한다는 말씀이신 거죠?"

"대부분 사람들은 '독서는 책 읽기'가 아니라 '독서는 읽기'라는 프레임에 사로잡혀 있습니다. 눈은 생각 외로 기능이 많습니다. 오감을 총체적으로 담당하고 있는 곳은 뇌입니다. 뇌는 신경 조직을 통해 감각 기관과 정보를 주고받습니다. 신경 조직은 크게 12개로 구분되는데 이 중 8개가 눈으로 연결되어 있습니다. 이는 시각 정보가 다른 신경계에 영향을 미친다는 사실을 반영합니다."

"눈이 바쁘겠어요. '보이는 것이 전부가 아니다.'라는 말과도 상통하네요."

"라마찬드란은 '자연적 맹점 현상을 들어 불완전한 것을 채워 넣는 것은 지각에서 매우 자연스러운 현상'이라고 합니다. 맹점은 망막 중심 부근의 시세포가 없는 시신경 유두 때문에 생기는 현상입니다. 그러니까 망막에 상이 맺혀도 인식하지 못하는 부분입니다. 이때 시각 체계는 알아서 모자라는 정보를 채워줍니다. 이 때문에 실제 공백이 있어도 그 공백을 알아차리지 못하는 것이죠."

"뇌 과학 분야가 뜨고 있는 건 알고 있어요. 눈에서 만들어진 공백을 뇌가 채우고 있었네요. 듣고 싶은 것, 믿고 싶은 것만 본다는 말 같아요."

"이처럼 눈은 불완전합니다. 보이는 게 전부가 아니라는 사실은 살아가면서 당연하게 느낄 수 있습니다. 심리학자들은 이러한 지각 체계를 '착

큐빅리딩

시'로 설명합니다. 사람마다 같은 형태라도 다르게 지각할 수 있습니다. 나아가 무형의 존재도 느낄 수 있습니다. 간혹 직접 겪은 것 같은 착각은 이때 발생합니다. 자기중심적 사고의 틀에 갇혀 사는 사람에게 자주 나타나는 현상이지요. 특히 인터넷 정보를 맹신하거나 휘둘리는 사람이라면 더욱 그렇습니다. 이들은 살아가는 데 필요한 기준을 직접경험에서 찾지 않고 텍스트에 의존하는 경향이 있습니다. 무경험을 타자의 간접 경험으로 채워가는 셈입니다. 남의 잣대가 더러 맞는 경우도 있지만 그렇다고 모두 옳다고 할 수는 없습니다."

"직접 경험과 텍스트라는 개념이 가슴에 와닿습니다."

"이런 관점에서 보면 너무 많이 알아도 독이 될 수 있습니다. 비약하면 모르는 게 약일지 모르겠네요. 책에서 습득한 지식을 현실과 대조하면 오류가 난무합니다. 뜻대로 되지 않은 게 삶이라 수긍하게 되지요. 흔히 현실과 이상은 다르다고 말하는 것처럼요. 그러나 그것을 구분하는 기준은 언제나 자기 자신입니다. 삶의 기준은 지금까지 살아온 경험의 '집적체'이기 때문입니다. 독서가 지식과 경험이라고 말하기에는 오해의 소지가 있습니다. 제가 큐빅리딩을 강조하는 건 글로벌 시대에 생존하려면 읽기·쓰기·듣기·말하기 능력을 키워야 하기 때문입니다. 한쪽으로 치우진 편협한 독서가 아니라 균형 잡힌 읽기를 하라는 얘기죠. 이 4가지 영역을 골고루 갖춘 독서를 전 리딩이라 하지 않고 리돌로지(Read + ology), 즉 '읽기학'이라고 합니다."

"리돌로지는 또 뭔가요?"

"말씀드린 것처럼 균형 잡힌 독서입니다. 이건 'How to'가 아니라 'Do how'를 말합니다. How가 큐빅리딩에 가깝다면 Do에 가까운 건 리돌로지라는 거죠. 그래서 지한 군에게 숙제를 하나 내볼까 합니다. 이론을 제시했으니 구체적으로 실천해갔으면 합니다. 능동적 독서가 큐빅리딩을 이끌 겁니다. 이게 제가 드릴 수 있는 멘토링입니다."

"큐빅리딩을 완성하기 위한 작업을 직접 겪어가라는 말씀이신 거죠? 실천이 독서를 이끌게끔 말이죠. 왠지 책만 읽지 말고 써먹을 책을 읽으라는 말씀으로 들립니다. 내주신 숙제는 알아서 해결해보겠습니다. 값진 시간이었네요. 장시간 함께해주셔서 감사합니다."

지한은 R교수에게 악수를 청했다. R교수는 지한의 두 손을 꼭 잡고 힘내라는 격려를 아끼지 않았다. 이 만남은 지한에게 적지 않은 영향을 끼쳤다. '큐빅리딩'이라는 주제를 놓고 서서히 교집합을 만들어갔다. 생각과 인연 속에서 싹이 움트고 있었다. 방황은 어느덧 새로운 방향에 대한 고민으로 바뀌었다. 새로운 독서법을 만들기 위해 책만 파고들게 아니라 실천하며 만들기로 작정했다. 그러려면 각 업계 전문가나 경험자의 조언이 필요했다. 그들로부터 원리를 찾고 개념을 적립해가기로 마음먹었다. 다양한 사람을 만나 하나라도 배우며 멘토로 삼기로 했다. 어느덧 지한은 자기도 모르는 사이, 독서생태계에 씨앗을 뿌리고 있었다.

03

독서 레시피는
셀프다

지한은 매일을 열흘 같은 하루처럼 보냈다. 이상을 좇아도 현실을 간과할 수는 없었다. 끼니를 해결하기 위해 막노동을 불사했다. 그 와중에도 독서는 게을리하지 않았다. 아이러니한 건 아끼자고 다닌 도서관 덕에 오히려 책을 더 많이 사게 됐다는 사실이다. 빌려 읽더라도 반드시 소장해야 할 것 같은 느낌이 들어서다. 구입하는 책이 식비를 넘을 때가 많았지만 개의치 않았다. 돈이 모이면 책을 사고 떨어지면 일했다.

생각이 많아 잠을 설쳤다. 베개가 젖는 일이 잦았다. 선잠을 자다 보니 꿈꾸는 횟수가 빈번했다. 소설 속 주인공을 만나는가 하면 스티븐 호킹을 만나 함께 소주를 마셨다. 정주영과 잡스를 만나 기업가 정신을 논하고, 천재 디자이너 알렉산더 맥퀸과는 영감을 공유했다. 세종과 정약용에게는 실용정신을 배웠다.

어느 날 간절함이 닿았는지 롤 모델로 삼은 손정의가 꿈에 나왔다. 지한은 손 회장의 인생 50년 계획 '20대 이름을 알린다. 30대 사업 자금을 모은다. 40대 큰 승부를 건다. 50대 사업을 완성시킨다. 60대 다음 세대에 사업을 승계시킨다'를 가장 감명 받은 인생의 문구로 꼽았다. 그는 계획적인 사람일뿐더러 대표적인 성공자의 표상이자 산증인이다.

손 회장을 만난 곳은 일본 제2의 도시 오사카의 포럼에서였다. 마침 그는 기조 강연을 마치고 참석자들과 기념 촬영을 하고 있었다. 지한은 주변을 의식하지 않고 곁으로 다가가 잠시 시간을 내줄 수 있냐고 물어봤다. 손 회장은 어이가 없었는지 너털웃음을 지었다.

"손 회장님. 이렇게 불쑥 말을 건네 죄송합니다. 평소 존경하는 분이라 급한 마음에 무례를 저지르고 말았네요. 학창 시절부터 지금까지 경영을 하시면서 책을 놓지 않는 것으로 알고 있습니다."

"한국에서 오셨군요. 그래요. 뭐든지 말씀해보세요."

"다름 아니라 제가 책을 쓰고 있습니다. 독서에 대한 방법이나 견해 있으면 말씀해주세요."

"독서 방법법이라. 뭐 딱히 그런 게 있겠습니까? 제 경험을 통해 몇 가지 조언을 드릴 수 있긴 한데. 일단 간단한 질문을 하나 드리겠습니다. 혹시 라면 좋아하세요?"

"환장하죠. 요새 입맛이 없어서 그런지 라면을 자주 먹게 되더라고요. 면발이 꼬들꼬들한 너구리를 좋아합니다."

"저는 신라면을 즐겨 먹습니다. 가끔 라멘도 즐기지만요. 본격적으로 여기 신라면이 있다고 가정합시다. 라면 끓일 때 물을 얼마나 넣어야 하나요? 사지선다형 문제입니다. 한번 풀어보세요."

1) 450cc   2) 500cc   3) 550cc   4) 600cc

"제가 라면을 좀 압니다. 가공식품은 많은 테스트를 거쳐 판매하기 때문에 레시피에 쓰인 대로 하는 게 정석입니다. 봉지 뒷면에 550cc라고 쓰여 있거든요."

손 회장은 고개를 저었다. 지한은 의아했다. 다시 연달아 '1번', '2번', '4번'을 외쳤지만 연신 고개를 휘젓는 그의 모습만 볼 수 있었다.

"정답은 '자기 맘대로'입니다. 난센스라 생각할 수도 있겠지만 지한 씨 질문에 답변을 드리고자 합니다."

'이게 무슨 말이야…. 똥이야 된장이야?'

기대와 달리 엉뚱한 대답에 지한은 다소 실망했다.

"지한 씨, 저는 인생이든 사업이든 모든 게 정해진 레시피는 없다고 생각합니다. 가령 독서법이라 말하거나 라면봉지에 조리법이 적혀 있더라도 말이죠. 물론 요리에는 필요하지만 당연히 주어지는 게 아니라 자신이 만들어갔으면 한다는 겁니다. 다시 말해 독서법은 '헬프'가 아닌 '셀프'라는 거죠. 문법으로 치면 수동태가 아니라 능동태고요."

지한은 손 회장의 의도를 파악했다. 처음과 끝이 독서에만 머무른 터라 기존의 방법을 읽어도 새로운 방법을 만들 수는 없었다. 이와 달리 손 회장은 어디에 끌려 다니는 사람이 아니었다. 말 그대로 '자기 맘대로'였다. 틀에 박혀 사는 사람이 아니라 틀을 깨는 사람이었다. 그는 자신만의 법칙을 만들어가고 있었다.

"지한 씨는 이런 이야기가 어이없다는 생각도 들 겁니다. 가령 550cc 물을 사용하라고 했지만 전날 과음하면 물을 좀 더 넣고 밥을 말아 먹을 수 있습니다. 회나 초밥을 먹을 땐 초장이나 간장에 들어가는 와사비를 입맛에 맞게 풀면 되고요. 계란 프라이가 완숙과 반숙이 정해져 있습니까? 탕수육도 부어먹거나 찍어먹는 것을 선호하는 사람으로 나뉘죠. 이렇게 레시피는 상황과 취향에 맞게 확장되는 겁니다. 독서도 마찬가지고요."

"독서법 같은 건 있을 수 있지만 그것에 얽매이면 안 된다는 거네요."

"그렇습니다. 제 이야기를 해드리겠습니다. 저는 어렸을 때 미국으로 유학을 갔습니다. 그리고 중학교에 다니면서 첫 번째 시험을 보게 됐습니다. 영어 실력은 형편없었죠. 하지만 현지인들과 같은 조건으로 시험을 보면 그 결과는 불리하다고 생각했습니다. 말하자면 불공평하다는 거죠."

"시험은 피할 수 없는 게 아닌가요? 가령 로마에 가면 로마법을 따라야 하듯 말이죠."

"그걸 말하고자 하는 게 아닙니다. 저는 학교 측에 이런 의견을 제시했습니다. 제가 외국인이니 시험 볼 때 영어 사전을 사용해도 되냐고 말입니다. 학교 측에선 말도 안 된다고 했지만 저는 제 뜻을 굽히지 않았고, 설득 끝에 사전을 펼치고 시험을 봤습니다."

큐빅리딩

"그러니까 무언가를 도모할 때 어떤 형식이나 규칙에 얽매일 필요가 없다는 말씀이신가요?"

"그렇습니다. 지한 씨가 독서법을 쓰고 계신다니 드린 이야기입니다. Reading에 대한 Know How를 전하려 하지 마시고 남들이 손대지 않는 Do How나 아니면 Think How 등을 전하면 어떨까 합니다. 나머진 독자의 몫입니다. 그것을 활용하든, 안 하든 말입니다. '이것은 무엇이다.'라고 주장할 순 있지만 정답을 정해놓아선 안 된다고 봅니다."

지한의 머릿속은 실타래가 엉키듯 복잡해지기 시작했다. 독서법의 유무, 읽기 · 쓰기 · 듣기 · 말하기, 큐빅리딩이 본격적으로 버무려지고 있었다. 잘못하면 엉망진창인 요리가 나올 것 같았다. 손 회장은 심각한 지한을 유심히 보며 마지막 말을 이었다.

"제 부친이 어렸을 때 하셨던 말씀이 생각납니다. 전 이 말씀을 좌우명처럼 생각하고 있습니다. '배운 대로 따라가지 말고 스스로 생각하라.' 말하자면 모방은 원조를 넘어서거나 이길 수 없다는 뜻입니다. 따라서 독서법도 남들이 한 것을 따라 하지 말고 스스로 생각해야 합니다. 자신의 한계는 생각이 결정해버리는 겁니다."

손 회장은 대견한 친구를 만났다며 초밥을 대접했다. 둘은 화기애애하게 대화를 나누며 따뜻한 사케를 주고받았다. 지한은 즐거웠다. 자신을 이해해줄 수 있는 사람이 바로 곁에 있었다. 게다가 다른 누구도 아닌 손정의지 않은가. 웃고 떠들며 술잔을 부딪치는 찰나 손이 떨렸다. 잔을 테이블에 놓아도 진동은 멈추질 않았다. 잔 위에 물결이 일었다. 지진과 함께 동공이 흔들렸다.

"아들, 일어나! 밤에 잠 안 온다 하지 말고."

"아, 좀!"

어머니는 손 회장과의 만남에 종지부를 찍었다. 지한은 어머니를 노려봤다. 너무나 아쉬웠다. 자기 마음을 몰라주는 어머니가 야속했다. 그래도 지진에서 손 회장을 팽개치고 자신을 구출하려는 어머니 모습이 떠올랐다. 비몽사몽 중에 웃음이 나왔다. 손 회장보다 어머니가 위대했다. 정신을 차리고 서점에 들려 『손정의 제곱법칙』을 구입했다. 그리고 곧장 카페로 달려가 책을 펼쳤다. 좀 전에 만난 얼굴이라 반가웠다. 잠시 책을 덮고 눈을 감았다. 레시피는 있지만 요리는 만드는 자의 몫이다. 손정의는 요리를 잘할까 궁금하기도 했다.

'배운 대로 따라가지 말고 스스로 생각하라.'

지한은 심호흡을 하고 다시 책장을 무겁게 넘겼다.

04

스스로
생각하라

지한은 손 회장이 말한 맥락을 고민했다. 독서법은 남이 만든 길을 따라가는 게 아니라는 말이었다. 그의 의도대로 독서법은 자신이 구성하는 게 옳다고 여겨졌다. 따라서 절실하게 묻고 가까운 것부터 생각하고 실천하기로 했다. 논어의 '절문이근사(切問而近思)'를 자극제로 자신에게 질문하고 답을 찾기로 했다. 독서를 낱낱이 분해하기로 했다.

원점으로 돌아와 다시 시작하기로 했다. '왜 독서인가?' '무엇이 독서인가?' '어떻게 독서해야 하는가?'와 같은 다소 원초적인 질문이다. 스스로 문제를 찾고 해결하기로 했다. 도서관에 책을 쌓아놓고 자료를 찾았다. 책에서 금싸라기 줍기에 나섰다. 거기에 금맥이 있다고 생각했기 때문이다. 책을 펼치니 다음과 같은 퀴즈가 눈에 들어왔다.

큐빅리딩

FedEx ®

"그림은 세계적인 택배회사인 페덱스의 로고다. 무심코 봐온 이 그림에서 뭔가 다른 게 보이는 게 있는가? 3분 정도 시간을 주겠다. 자! 뭔가 보지 못한 것을 찾았는가? 이런 퀴즈를 내면 대개 사람들은 별 다른 게 없다고 하면서 찾지 못한다. 그렇다면 당신이 찾지 못한 게 무엇일까? 이 로고 알파벳 중 E와 x사이를 자세히 보면 화살표가 숨어 있다. 원래 이름이 '페더럴 익스프레스(Federal Express)'였던 이 회사는 1994년 이름을 '페덱스(FedEx)'로 줄여 신속함을 강조했다. 새로 만든 로고에서는 E와 x사이에 화살표가 생기게 해 신속함을 시각적으로도 표현한 것이다. 인생에는 3가지 영역이 있다. 큰 것, 급한 것, 중요한 것이다. 사람들은 늘 큰 것과 급한 것에 관심을 갖고 여기에 집중을 한다. 그런데 정작 중요한 것은 무시하면서 산다. 여기서 필자가 말하는 중요한 것은 무엇일까? 바로 당신의 생존이다. 위 그림에서 ➡를 놓치듯 인생에서 중요한 것을 스치고 간다는 것이다. 현상만 보고 본질을 못 본다는 말이다." 2)

지한은 평소대로, 하던 대로, 있던 대로 살아왔다는 사실을 깨달았다. 여태껏 보이지 않던 것을 지나쳐온 게 아쉽기도 했다. 반면 다른 시각으로 세상을 바라보는 사람들이 있다는 게 신기했다. 문제는 이것을 확대 재생산하려는 노력 여부였다. 시각(視角)을 바꾸면 지각(知覺)을 하게 되고 지각하면 사각(死角)이 보이기 때문이었다. 사고 확장은 기준을 깨는 데서 나온다는 사실을 깨달았다.

다른 책에는 슈레더 파쇄기 성공 사례가 있었다. 복사기 영업사원이 주방에서 칼국수를 써는 부인의 모습을 본 게 효시라고 한다. 그는 방문 판매를 하며 사무실 복사기 옆에 쌓여 있는 서류를 가볍게 지나치지 않았다. 기업 비밀이 담겨 있는 문서를 찢거나 불태워야 하는 번거로움을 발상의 전환으로 해결한 발명품이었다. 지한은 장자의 '쓸모없음의 쓸모'가 생각났다. 누군가에게는 필요하지 않아도 반드시 필요한 사람이 나타날 수 있었다. 도처에 널린 불필요나 불편함이 적절한 사람을 만나지 못해 지나치며 사는 것 같기도 했다.

'같은 패턴에서 발상의 전환은 일어나지 않아. 파쇄기는 발상의 전환에서 나온 결과물이야. 처음부터 당연하게 쓰고 있으니 전환된 거라 생각하지 못한 거지. 그게 새로운 패턴을 만들어버린 거야. 이래서 처음이 중요하군.'

기억에 남는 책 중에는 개그맨 일화가 있었다. 엘리베이터를 타면 자신의 코가 엘리베이터 구석에 들어맞는지 재본다는 이야기였다. 그는 일상을 해부하고 분석하는 습관을 가지고 있었다. 창의적인 발상을 하려면 다르게 보는 습관을 가져야 한다고 말했다. 더불어 사물을 다르게 보는 시인처럼 시를 많이 읽으라는 말을 했다. 시와는 거리가 멀었지만 이 관점이 창의와 연결되는 실마리가 될 수 있겠다고 생각했다.

지한은 잠시 바깥으로 나와 벤치에 앉아 숨을 크게 들이쉬었다. 보이는 대로만 살아온 것 같았다. 알고 있는 세계가 협소하다는 느낌을 지울 수 없었다. 지금은 눈앞에 보이는 재떨이 하나도 달라 보였다. 흡연자에게는 재떨이로 보이겠지만 비흡연자에게는 지옥탕, 소방관에게는 화재 요인, 청소하는 아주머니에게는 쓰레기, 개미에게는 한여름에도 눈 내리는 장소로 보이지 않겠는가.

'모든 삶을 다 살아볼 수도 없는 노릇이야. 경험에는 한계가 있어. 인생은 단 한 번이고 언젠가는 선택해야 하는 시기가 온단 말이지.'

이제부터는 눈보다 머리로 보는 습관을 들이기로 했다. 책도 머리로 읽어야 한다는 판단이 섰다. 현상보다 '본질'에 전력투구해야 한다는 것을 깨달았다. 갓길에서 추월선은 아니더라도 '주행선'으로 들어가기로 작정했다. 왠지 조금씩 보일 것도 같았다. 마음을 가다듬고 자리에서 일어났다. 카톡을 확인하니 R교수의 메시지가 와 있었다.

'지한 군, 잘 지내지요? 도움 되길 바라는 마음에 지난주 일본 출장 갔을 때 들었던 이야기를 전합니다. 일본의 작은 호텔 이야기입니다. 외국 관광객들은 큰 호텔을 마다하고 이 호텔을 찾았습니다. 손님이 많이 몰리는 데는 아주 간단한 배려가 있었습니다. 외국 손님들이 호텔에 도착하면 체크인할 동안 호텔 직원들은 차에서 짐을 내립니다. 그리고 체크인을 마친 고객에게 '미스터 ○○○!'라고 정확하게 고객의 이름을 불러주죠. 그렇다면 직원들은 어떻게 처음 본 손님의 이름을 알 수 있을까요? 아주 간단했습니다. 한 가지 일을 오래 하면 안목이 생기기 마련입니다. 그러나 이젠 안목(Sight)만으론 감동을 이끌어낼 수 없습니다. 이 호텔 직원들은 차에서 가방을 옮기며 거기에 달려 있는 태그(Tag)를 보고 쓰여 있는 이름을 부른 겁니다. 이런 행동을 통찰(Insight)이라고 합니다. 통찰을 나누어보면 (In + Sight)가 됩니다. 그러니까 통찰이란 안목에다 In을 덧붙인 겁니다. 말하자면 좀 더 안을 들여다보는 것이라고 말씀을 드릴 수 있겠네요.'

지한은 R교수가 보낸 글에서 핵심을 찾아 새로운 패턴을 만들었다.

See − Sight − Insight − Innosight − Foresight

보기 – 넓게 보기 – 들여다보기 – 비틀어보기 – 미리 보기

'아직 멀었어. 이제부터 시작이야.'

지한은 전문가를 물색하며 계획표를 짜기로 했다. 알짜배기 지식을 찾아 지혜를 얻기 위한 일정을 기획했다. 이 여정이 짧지 않다는 건 쉽게 짐작할 수 있었다. 확실한 건 자기 하기 나름이라는 사실이다.

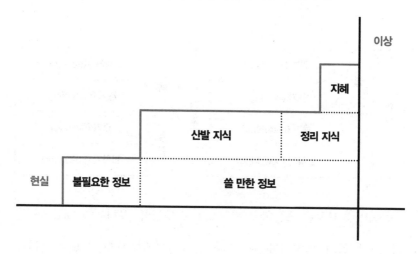

독서 (Reading)

언어	글	읽기 (Reading)	기호	입력	읽기 (Reading)
		쓰기 (Writing)			듣기 (Listening)
	말	듣기 (Listening)		출력	쓰기 (Writing)
		말하기 (Speaking)			말하기 (Speaking)

큐빅리딩 모듈은 초등학교 지식으로 만들었다. 육하원칙(5W1H)과 읽기, 쓰기, 듣기, 말하기를 사용했다. 동그라미에서 네모, 세모로 윤곽을 잡았으며 점-선-면-체로 알고리즘 완성 과정을 단계적으로 그려나갔다. 언어를 분해하여 기호로 해석하면 패턴이 달라진다. 사람은 눈과 귀로 현상을 입력(+)한다. 쓰거나 말할 때, 즉 무언가를 생산하면서 출력(-)한다. 자연스럽게 입출력이 순환(×, ÷)할 때 효율적인 지식을 습득할 수 있다.

정보와 지식을 입력해도 그게 정확한지는 해보는 수밖에 없다. 흔히 말하는 독서는, 독자가 책에서 읽는 저자의 간접 경험이다. 남의 생각과 경험이다. 이 텍스트 지식이 자신의 경험과 완전히 일치할 수는 없다. 단순히 많이 읽었다고 지혜라고 말하기에는 오해의 소지가 있다. 해보지도 않은 일을 경험처럼 말하면 거짓말을 하거나 소설을 쓸 수밖에 없기 때문이다. 따라서 지식을 출력하는 작업이 필요하다. 큐빅리딩이 말하는 '지혜'는 누적된 경험을 토대로 대처할 수 있는 '자세'다. '언제 봤어, 어디서 들었어.'를 경계해야 하는 이유다.

독서는 참고 용도이므로 주관적이고 직접 따라 해봐야 객관화할 수 있다. 그때 책을 읽었다고 아는 게 아니라는 것을 알게 된다. 단편적 지식(독서)을 실행(경험)하는 과정에서 얻게 되는 깨달음(지혜)은 무엇과도 비교할 수 없기 때문이다.

T(생각)	R(독서)	W(쓰기)	L(듣기)	S(말하기)	F(R)=WSL(읽기)
수동적 독서 (주관)	O	×	×	×	지식(봤어.)
능동적 독서 (객관)	×	O	O	O	경험(해봤어?)
입체적 독서 (주+객)	△	△	△	△	지혜(해봤어!)

다독다독

처음부터 독서법은 없었다

자신만의 독서법과 분류 체계가 필요하다는 게 내 주장이다. 대개 독서법은 독자중심이라기보다는 방법에 치중한다. 그러다보니 죽은 사람 말을 인용하고 성공자, 저명인 방식으로 해야 한다고 말한다. '다독 다작 다상량'이라는 불변의 진리는 틀린 게 아니다. 다만 사람마다 다르다고 말하고 싶다. 독자 환경이나 상황, 역량, 재정, 필요성에 따라 천차만별이기 때문이다. 21세기에 추종만 할 게 아니라 최신 정보와 아이디어로 중무장한 자기만의 무기를 만들어야 한다.

가장 이상적인 기술은 '어떤 책이든 빨리 읽고 모두 이해하는 방법'이다. 마찬가지로 이상적인 사람은 이 기술을 시전하는 사람일 것이다. 하지만 알다시피 도서 분류는 넓게 포진하고 있다. 시나 철학서, 고전을 초고속으로 읽고 모두 이해하는 사람이 있다면 그는 이미 세상을 바꾸고도 남았다. 보통 사람이라면 잊어버리기 나름이고 책을 읽다가도 덮는 경우가 허다하다.

피에르 바야르는『읽지 않은 책에 대해 말하는 법』에서 비독서에 해당하는 4가지 방식을 제시했다. 첫째, 책을 전혀 읽지 않는 경우, 둘째, 책을 대충 훑어보는 경우, 셋째, 다른 사람들이 하는 책 얘기를 귀동냥하는 경우, 넷째, 책의 내용을 잊어버린 경우다.

그는 비독서에 대해 결정적인 작용을 하는 3가지 두려움을 제시했다. 첫째는 독서를 신성시하는 사회에서 비독서를 한다는 자체가 눈총의 대상이라는 것이다. 둘째는 정독의 의무로 대충 읽고 책을 읽었다고 말하는 것이다. 셋째는 사회문화적으로 책에 대해 어느 정도 정확하게 이야기해야 하는 것이 암묵적으로 깔려 있다는 것이다. 비독서 개념은 읽은 책과 읽지 않은 책 개념을 명확히 구분 지어야 성립되지만, 대부분 어느 쪽도 아닌 둘 사이에 자리잡고 있다는 게 그의 주장이다.

이 기준에 따르면 지금까지 내가 읽은 책은 단 한 권도 없다. 그나마 지금 쓰고 있는 책이 완성되면 이것은 읽었다고 말할 수 있겠다. 500권 이후로는 읽었다고 생각한 숫자 세기를 그만뒀는데, 그게 1년 전인 것 같다. 마음속 허세와 욕망이 카운팅을 멈추지 않기 때문이었다. 그 후로도 매일 책과 신문을 가까이하고 있지만 1,000권 넘게 읽었다고 말하기도 어중간하다. 어떤 방식으로 읽든지 비독서 개념에서 벗어나는 게 힘들다.

실제로 천 권, 만 권 읽었다고 해도 확인할 방법이 없을 뿐더러 대충 말을 둘러대는 사람들을 지나쳐 온다. 호킹지수란 신조어가 생겨날 정도다.

미국 수학자 엘렌버그가 각종 통계 자료를 활용해 '잘 읽히지 않는 책'을 가려낸 지수다. 스티븐 호킹 타계 후『시간의 역사』는 증쇄할 정도로 불티나게 팔렸다. 1,000만 명 이상이 구입했지만 완독한 독자는 6.6%에 불과하다. 비슷한 사례로는 토마 피케티의『21세기 자본』이 2.4%, 힐러리 클린턴의『힘든 선택들』이 1.9%다. 3)

처음부터 독서법은 없었다. 생각과 이해라는 관점을 두고 독자에게 명확한 입장을 내놓을 수 없다. 알베르토 망구엘의 저서『독서의 역사』에는 다음과 같은 자료가 있다.

조나단 스위프트의『걸리버 여행기』는 픽션으로 분류되면 유머가 넘치는 모험 소설이 되고, 사회학 밑으로 들어가면 18세기 영국의 풍자 연구서가 된다. 어린이 문학 쪽으로 분류하면 난쟁이와 거인이 말을 하는 아주 재미있는 우화가 되고, 판타지로 분류하면 과학 소설의 선구적 작품이 되고, 여행서로 나누면 상상 속의 여행이 되며, 고전으로 분류하면 서구 문학 전범의 한 부분을 차지하게 된다. 카테고리는 배타적이지만 책 읽기는 그렇지 않을 뿐 아니라 그렇게 되어서도 안 된다.

에른스트 파벨은 1984년에 쓴 카프카의 전기 말미에서 "세계 주요 언어권에서 카프카와 그의 작품을 다룬 문헌은 현재 1만 5,000 종에 이른다."라고 추산했다. 현재 카프카의 텍스트는 글자 그대로의 독서만이 아니라 비유적으로, 정치적으로, 심리적으로도 읽힌다.

급진적인 산업화와 기술이 만들어낸 현상이다. 하이퍼텍스트는 작가뿐만 아니라 독자도 개입할 여지를 만들었다. 누구든지 텍스트로 들어갈 수 있고 언제든지 이야기의 흐름을 바꾸거나 삽입, 수정, 확장, 삭제할 수 있다. 텍스트에 파고들거나 다른 이야기로 바꿀 수 있기 때문에 이야기의 끝이란 있을 수 없다.

편집시대다. 그대로 쓰거나 바꿔 쓰더라도 콘텍스트를 형성하지 못하면 동일 유사 복사본에서 벗어나지 못한다. 다독가일수록 더 많은 텍스트를 끌어들일 수 있다. 다만 정보를 연결하고 새로운 의미를 부여하지 못하는 이상 후속작이나 아류에 불과하다. 내 생각인지 남 생각인지 제대로 분간할 수 없기 때문이다. 다시 말하면 애초에 신작은 없고 전작의 모음집이나 졸작인지도 모르겠다.

구두 거장에 속하는 소크라테스나 예수, 부처, 마호메트, 공자는 직접 책을 쓰지 않았다. 그들의 말은 모두 제자의 말과 글을 통해 전해 내려왔다. 다만 공자는『춘추』라는 노나라 역사책을 한 권 썼고, 제자들이『논어』에 공자의 말을 썼다. 예수는 딱 한 번 모래밭에 단어 몇 자를 적었다가 금세 지워버렸다는 이야기만 전해질 뿐이다. 게다가 문자가 형성되기 이전일수록 받아 적는 필경사가 텍스트에 개입할 여지가 많았다. 원작자가 해명할 수 없는 글에 의미를 덧붙이는 작업이 이뤄졌다. 고인을 찾아가 묻지 않는 이상 확인할 방법은 없다. 남겨진 글과 시대상을 통해 추측할 뿐이다.

아리스토텔레스는 수사학을 '실용성'에 두었다. 주어진 경우에 가능한 모든 설득 수단을 찾아내는 능력이라고 정의했다. 특히 청중을 가장 중시하여 말하는 사람, 주제, 듣는 사람으로 구분했다. 그는 학문으로 만들려고 노력할수록 본의 아니게 타 분야 본성을 망칠 것을 우려하기도 했다. 언어는 사회적, 감성적 동물인 인간을 위해 존재한다.

실제로 번뜩이는 생각에 글을 적어도 나중에 책을 읽다 보면 다른 누군가의 생각이었단 사실을 깨닫는다. 타고 넘어가면 고전으로 귀결하는 기이한 현상도 목격한다. 누군가에게서 파생한 생각들이며 개인이나 집단마다 추종자를 자처하기도 한다. 이제는 개척자가 됐으면 한다. 어떠한 상황에서도 목적을 갖고 질문하는 유연한 동물이 되었으면 한다. 독서에 정석은 없고 남이 해결해줄 수도 없기 때문이다.

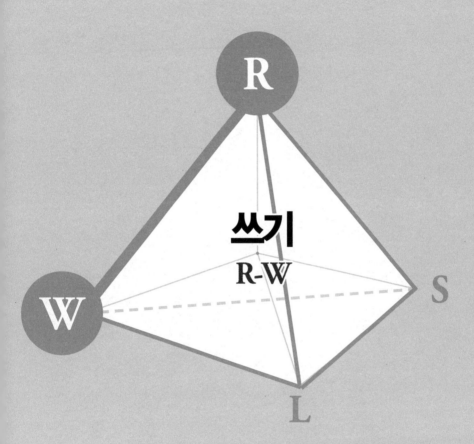

2장

쓰기
R-W

01

쓰기보다
읽기가 먼저다

지한은 실현 가능한 계획을 세웠다. 도서관 저자 특강에서 만났던 W 선생과의 이야기를 대담 형식으로 풀어가기로 했다. 그는 1년에 300권을 읽는 다독가이면서 30여 권을 출간했다. 그런 게 가능한 건지 신기하기도 하면서 무슨 말을 할지 궁금하기도 했다. 그를 통해 '쓰기' 위한 작업을 하기로 했다. 그의 명함이 지금 손에 들려 있다. 연락처로 문자를 넣었다.

'안녕하세요, W선생님. 김지한이라고 합니다. 일전에 서대문 도서관 저자 특강에서 뵙고 명함을 받았습니다. 다름 아니라 시간이 되시면 찾아뵈어도 되겠습니까? 몇 가지 궁금한 사항이 있는데 조언과 처방을 듣고 싶습니다. 편하신 시간, 장소 알려주시면 달려가겠습니다.'

1시간이 채 지나지 않아 W선생으로부터 답신이 왔다. 당일 4시 인사동

전통찻집이다. 알려준 시간에 맞춰 도착하니 구석진 테이블에 W선생이 앉아 있었다. 다가가 정중히 인사를 했다.

"선생님, 안녕하세요. 김지한입니다. 시간 내주셔서 감사합니다."

"감사는 무슨. 편히 앉아요. 차 한잔하면서 세상 돌아가는 이야기나 합시다."

W선생은 묵직한 목소리의 소유자였다. 특강에서와 마찬가지로 중후함이 중압감을 더했다. 그때와 다른 점은 공식적인 자리가 아니었다는 것이다. 그는 주제가 있는 강연이 아니라 자연스런 수다를 원하는 듯했다. 인간미가 넘치는 사람이었지만 입장은 서로 달랐다. 지한은 먹고사는 문제, W선생은 시간 때우기였다. 지한은 정적이 흐르는 순간을 놓치지 않고 질문을 던졌다.

"제가 독서법에 대한 책을 쓰고 있습니다. 주제는 큐빅리딩입니다. 입체적, 능동적, 써먹는 독서정도 됩니다. 이 독서법은 크게 쓰기·듣기·말하기를 위한 겁니다. 그래서 글을 잘 쓰려면 책을 어떻게 접해야 하는지 고견을 듣고 싶습니다."

"고견까지는 아니고 평소 내가 늘 입버릇처럼 하는 이야기를 할게요. 우선 글을 잘 쓰려면 다다익선(多多益善)입니다. 질보다는 양이 우선입니다. 많이 읽으면 읽을수록 좋지요. 많이 읽다 보면 쓰기가 무엇인지 나름 개요를 잡을 수 있습니다. 강의할 때도 자주 강조하지만 이런 말이 있습니다. 만약 쓰는 일을 직업으로 삼으려면 어느 정도 독서를 해야 할까요? 사람에 따라 다르겠지만 적어도 5,000권 정도의 책은 읽어야 한다고 생각합니다. 수나라 때 최표라는 인물은 자기방문 앞에 '부독오천권서(不讀伍千券書) 무입차실(毋入此室)'이라는 글씨를 걸어놓았다고 합니다. 책 5,000권을 읽지 않은 사람은 이 방에 들어오지 말라는 뜻입니다. 책을 많이 읽지 않은 사람과는 할 이야기도 없을 뿐더러, 나누는 대화도 재미가 없다는 이야기입니다. 그래서 저는 독서를 폭넓게 하지 않으면 나누는 이야기도 진부해지지만 글 역시 시시한 이야기가 될 거라고 생각합니다." 4)

"언젠가 신문에서 1만 권을 읽고 책을 낸 사람의 기사를 읽었습니다. 그렇다고 살면서 책만 읽을 수는 없지 않습니까?"

"저는 5,000권을 읽어낼 고통이 없다면 글이나 책이 안 나온다고 말하는 겁니다. 고진감래(苦盡甘來)라는 이야기는 아실 겁니다. 인생사 뭔가 이룩할 이들은 이 전략을 좌우명으로 정하고 살아갈 겁니다."

지한은 '질보다 양'이라는 말에는 동감할 수 없었다. 아무리 많이 읽었다지만 확인할 수 없는 마케팅적인 요소였다. 그래서 한 번은 직접 5,000권 읽은 사람을 만나 읽었던 책을 두고 대화해봤다. 그는 말을 둘러대기 바빴고 오래전 내용이라 기억이 안 난다고 했다. 그래도 W선생의 5,000권이라는 말에는 숙연해지지 않을 수 없었다. 아직 달성하기에는 턱없이 부족한 독서량이었다. 이어 두 번째 질문을 던졌다.

"읽기라는 게 꼭 책만은 아닐 텐데요."

"무엇보다 끊임없이 채취해야 합니다. 글쓰기의 일차적인 작업은 채담에 있습니다. 쓴다는 것은 자신이 하고 싶은 말을 받아 적는 작업이라고 봅니다. 이야기는 사람, 여행 과정, 역사적인 유적지, 책, 고생하는 과정에서 나옵니다. 그러니까 쓰기는 독서, 여행, 풍경, 사람을 만나면서 이야기를 만들고 수집하는 겁니다."

"리딩은 무한한 영역인 것 같습니다. 오직 책에만 있는 건 아니고요."

"그렇지요. 우리가 조선시대에 산다면 모르겠지만 4차 산업혁명 시대를 사는 지금엔 읽기도 그만큼 영역이 넓어져야 합니다. 읽기가 책에 국한되어서는 절대 안 됩니다. 이런 점에선 여행도 그렇습니다. 운무와 석

양이 있는 명산대천을 많이 보아야 해요. 사막도 좋습니다. 밤에 고요한 사막을 걸어보면 초월적인 느낌이 오고 사고의 폭이 확장됩니다. 사람은 괴팍한 스타일이나 어느 분야에 10년 이상 몰입한 경험이 있는 사람을 만나야 이야깃거리가 있기 마련입니다. 장인에겐 아주 사연이 많습니다. 그들의 사연은 다 글쓰기 재료입니다. 정신세계를 탐험한 도사들을 만나보는 것도 아주 큰 도움이 됩니다. 말하자면 눈에 보이지 않는 세계야말로 무궁무진한 이야깃거리를 제공합니다."

"선생님 말씀에 공감합니다. 제가 쓰고자 하는 이야기도 그런 맥락입니다. 독서에 국한하지 않고 직접 세상을 밟아나가자는 겁니다. 그래서 주제를 큐빅리딩으로 잡았습니다."

"큐빅리딩? 생소한 개념인데. 간단하게 설명해주실 수 있나요?"

"저는 지독(知讀)한 사람만이 생존한다고 생각합니다. 세상엔 두 종류 사람이 있는데 읽는 사람과 읽히는 사람입니다. 읽히는 사람이 되지 않으려면 리딩력을 키워야 한다는 게 큐빅리딩의 개요입니다. 독(讀)해야 산다는 말이죠."

"괜찮은 메시지네요. 그렇다면 무엇을 해야 하나요?"

"제 생각입니다만 생존하려면 독서종자를 뿌려야 한다는 겁니다."

"제법 논리가 있네요. 훌륭합니다. 종자 한번 잘 키워보세요."

칭찬받고 싶어 한 말이 아니었다. W선생에게서 제대로 된 진단과 피드백을 받고 싶었다. 그리고 정작 궁금한 건 따로 있었다. 특강에서 말했던 '신문을 항상 가까이하라.'는 이유를 알고 싶었다. 그러려면 W선생이 알고 있는 칼럼 세계를 들어야 했다. 주제를 신문으로 전환해서 질문했다.

"신문은 어떻게 생각하시나요? 전 아버지가 구독하시는 조간신문을 읽고 있습니다."

"신문 읽기는 아주 좋은 일입니다. 특히 전문가들이 쓴 기고문은 일종의 쓰기 바이블이라 생각해도 무리가 없습니다. 신문은 트렌디해서 요즘처럼 급변하는 세상엔 아주 좋은 리딩 데이터라고 봅니다."

"그렇죠. 간혹 성공한 창업자들도 신문에서 아이디어를 얻었다고 하더라고요."

"신문에 대한 이야기를 좀 더 해드리겠습니다. 혹시 종이 신문 하루 치

원고량이 얼마나 된다고 보십니까?"

"글쎄요. 딱히 생각해보지 않았네요."

"제가 분석해보니 200자 원고지 1,000장 정도, 300쪽짜리 책 한 권 분량 정도 됩니다. 만약 지한 군이 월요일부터 토요일까지 한 달 내내 신문을 읽으면 자그마치 단행본 24권을 읽는 것과 같습니다. 신문은 질보다 양적인 측면에서 보면 아주 좋은 읽을거리입니다. 고인인 미래학자 앨빈 토플러 역시 전 세계 신문 7종을 매일 읽었다고 하죠." 5)

"한 달 치 신문이 책 24권이라니 믿기지가 않네요."

"한 신문 열독가의 이야기를 소개하면 이렇습니다. 신문은 언어 감각과 상상력을 키우는 데 그만이라고 해요. 신문엔 정말 다양한 주제와 호기심을 자아내는 이야기가 가득하다고 합니다. 그리고 신문 읽기는 책 읽기에 접근하는 아주 효과적인 방법이라고도 하죠. 그는 토요일마다 발행되는 신문의 책 기사를 주의 깊게 살펴야 한다고 말합니다. 매주 쏟아지는 신간 중 선택받은 책은 어김없이 좋다고 하죠. 그중 가장 큰 지면을 할애한 책을 골라 1주일에 2-3권씩 읽으면 상상력이 뛰어난 사람, 인생의 VIP(Very Imaginative Person)가 될 수 있다고 합니다. 한마디로 1타3피라고 할 수 있죠."

"돌이켜보면 신문에서 책을 찾아보려고 하지는 않았던 것 같네요. 대개 검색 포털 평점이나 베스트셀러만 참고했던 것 같습니다. 신문이 하나의 『넛지(Nudge)』가 될 수도 있겠네요. 유연하게 개입함으로써 양질의 책을 고를 수 있는 방법으로요. 말씀을 듣다 보니 신문은 쓰기에서 큰 맥이라 할 수도 있을 것 같네요. 신문을 양적인 관점에서 보는 게 아니라 질적인 관점으로 접근할 필요가 있었어요. 이젠 신문도 보는 게 아니라 읽어가야 할 것 같습니다. 자기 발견적 읽기도 할 수 있을 것 같아요."

"좋은 생각입니다. 신문은 양과 질을 잡는 NEWS paper라고 합니다. NEWS의 어원은 프랑스어와 라틴어에서 유래하여 새로운 것들(NEW thingS)이라는 의미를 내포합니다. 속설로는 North East West South를 줄였다고도 합니다. 동서남북의 신선한 정보를 담은 그릇이라고 보면 되죠."

"NEWS에 그런 뜻이 담겨 있는 줄 몰랐네요. TV에서만 볼 수 있는 채널인 줄 알았어요. 하하."

지한은 즐거웠다. 그에게 신문은 미지의 세계였다. 책에서 구하지 못한 답을 신문에서 찾을 수 있을 것 같았다. W선생은 그런 지한을 유심히 보더니 웃음 지으며 말했다.

"슬슬 일어날 시간이 된 것 같은데. 신문에 관심 있는 것 같아서 괜찮은 친구 하나 소개해 드릴게요. L이라고 하는데 큐빅일보에서 현업으로 일하는 기자예요. 학교 후배기도 하고. 집에 가면서 연락 한 통 넣을 테니 여기 이 번호로 편하게 연락해보세요."

"귀한 자리 내주셔서 감사합니다. 빠른 시일 내에 연락하겠습니다."

지한은 집에 돌아오자마자 서재로 향했다. 책상 위에는 아버지가 보시던 신문이 수북이 쌓여 있었다. 분리수거 날에는 어김없이 폐지가 될 운명이었다. 지한은 멍하니 바라보며 신문을 한 장씩 훑었다.

'아버지는 NEWS를 보고 계셨던 건가. 난 흉내 내기 바빴고.'

지한은 2주간 처분하지 않은 폐지를 천천히 읽어나가기 시작했다. 손은 드문드문 검게 물들었다. 엄지와 검지는 짙어져갔다. 갱지와 잉크 냄새는 코를 찌르는 게 석유 냄새 같기도 했다. 이렇게 신문 냄새를 오랫동안 가까이서 맡아본 기억이 있었을까. 그래도 중요한 순간에 이 냄새가 기억을 되살려줄 것 같아 멈추지 않았다.

02

지식커리어를
확장하라

'안녕하세요. L선배님. 김지한이라고 합니다. W선생님 소개로 이렇게 연락드리게 되었습니다. 글과 신문에 관심이 많습니다. 직접 만나 뵙고 조언을 구하고 싶습니다.'

W선생에게 카톡으로 연락처를 받은 지 열흘이 지났다. 그동안 지한은 신문을 분석하고 파악했다. 아무런 준비 없이 만나면 L기자에게 듣는 조언도 들리지 않을 것 같았다. 문자 보내기 무섭게 그에게서 전화가 왔다.

"지한 씨죠? W선생님께 말씀 많이 들었습니다. 어디세요?"

"여기가 광화문 큐빅문고 쪽입니다. 윈도우쇼핑하고 있었어요."

"지금 취재 끝나고 회사로 돌아가는 길이에요. 근처에 계신 것 같은데, 지금 시간 괜찮으세요? 회사 논설위원실로 오실래요?"

L기자는 기자출신 작가였다. W선생에게 연락처를 받은 직후 그의 이름을 검색하여 직장과 저서를 알 수 있었다. 그는 논설위원으로 활동하면서 다양한 칼럼과 강의를 하고 있었다. 지한은 기대가 컸다. 첫 만남이기도 했지만 그가 기자와 작가라는 사실에 더욱 설레었다. 하지만 그것도 잠시, 푸근한 아저씨가 나타났다. 인상이 경계를 허물었다. 둘은 가벼운 인사를 나누고 자리에 앉았다.

"이렇게 불쑥 연락드려서 죄송합니다."

"일찍 좀 하지 그랬어요. 난 기다렸구먼. W선생이 칭찬을 많이 하시던데. 뭐가 그분을 이끌었을까 궁금했는데 막상 보니 알겠네요. 어째 영감이 제 욕은 안 해요?"

"좋은 말씀 많이 해주시던데요. 신문을 다르게 해석하시더라고요."

"노인네들이란! 아하하하! 그건 그렇고 말 편하게 해도 되지? 우리 속성으로 친해져야 해. 그래야 술 먹지."

"아우, 그럼요. 편하게 하세요. 형님."

지한은 이런 형이 있으면 참 좋겠다는 생각을 했다. 유년 시절 형에게 얻어터지는 죽마고우의 모습을 봐왔다. 하지만 남자 형제가 없어본 데서 오는 끌림이 있었다. 왠지 술꾼끼리 알아보는 텔레파시 같기도 했다. 그는 털털하고 거품이 없었다. 담백한 향기를 품고 있었다.

"그래, 지한아. 내가 어떻게 도움을 줄까?"

"사실 제가 독서법에 대한 책을 쓰고 있습니다. 주변에 문단에 있거나 형님처럼 글을 생업으로 하시는 분이 없습니다. 그래서 책을 잘 쓰기 위해 어떻게 읽어야 하는지 알고 싶습니다."

"쓰기 위한 독서라. 그걸 알면 내가 써서 돈 벌었지. 그런 건 없어."

L기자는 코로 연신 숨을 뿜으며 궁리했다. 지한은 그런 그를 멍하니 바라봤다. 초면인데도 자기를 위해 고민하는 모습이 고마우면서 미안하기도 했다. L기자는 정리가 끝났는지 다시 운을 뗐다.

"무슨 비방이나 처방은 없다고 생각해. 다만 내 경험을 바탕으로 말해볼게. 쓰기 위한 책이나 신문 읽기를 말이지. 기자들은 무엇인가를 써내는 사람이라서 늘 바쁘게 살아. 그래서 나름 스몰 데이터 뱅크, 굳이 말하자면 작은 '자료 저장소'를 부단히 만들어."

"스몰 데이터 뱅크요?"

"응. 매일 이 은행에 조금씩 저축해놓는 셈이지. 잘 쓰려면 잘 축적을 해야 하고. 축적의 힘이 쓰기의 힘이 된다고 보면 돼. 그런 사람 중에 존경하는 분이 있어. 이규태 전 논설위원인데 지금은 돌아가셨지. 그분은 언론인 중 가장 많은 칼럼을 쓰셨을 거야. 6,702회의 고정 칼럼, 120여 권에 이르는 저서, 37개의 대형신문 시리즈가 스크랩에서 나왔지. 서재에는 책과 함께 벽면에 정리된 몇 십 권의 스크랩북과 노트가 있었고."

"굉장하네요. 신문만 보다가 하루가 지날 것 같아요. 기자이기 때문에 가능한 거겠죠?"

"꼭 그런 건 아냐. 앙드레 김 알지? 그분도 17개 신문을 읽고 스크랩했다고 해. 주제를 불문하고 외국인들과 유창한 대화를 이끌 수밖에 없는 힘이지."

"축적은 보이지 않는 저력이네요. 그렇다고 신문 지면을 모조리 뜯어 모을 수는 없잖아요."

"물론 무작정하는 건 아냐. 나름 '시스템'을 갖고 하는 건데 대표적으로 몇 가지 알려줄게. 나는 세상을 읽어야 한다고 생각해. 우리는 읽기를 한 정하는 경향이 있어. 독서나 신문도 마찬가지지. 직업마다 다르겠지만 기 자는 스펙트럼이 넓어. 전문적으로 이야기하면 '읽기의 확장'이라고나 할 까. 세상이 너무 빨리 변하니까 '좁고 깊게' 보다는 '넓고 얕게' 읽는 게 중 요해. '라이트 리딩(Light Reading)' 또는 '딥 리딩(Deep Reading)' 두 가지로 압 축할 수 있는데, 내 경우는 라이트 리딩을 추천하는 거지."

"많은 점을 시사하네요. 저는 지금까지 라이트 리딩보다 딥 리딩을 추 구하고 있었던 것 같습니다. '좁고 깊게' 보다는 '넓고 얕게'가 최선이라는 거죠?"

"한 분야의 구루나 세계적인 석학은 전자를 택하지만 우리 같은 기자나 직장인은 그게 아니라 후자겠지? 가장 이상적인 건 '넓고 깊게'겠고."

"그럼 형님은 쓰려고 모으는 라이트 리딩 기준이나 카테고리 같은 게 있겠네요?"

"응, 맞아. 신문과 책 읽는 방법이 따로 있어."

지한은 아이러니했다. W선생에게서 신문 하루치 원고량은 분명 300쪽짜리 책 한 권 정도라고 들었다. 다만 L기자는 뭔가 더 알고 있었다. 신문 읽기와 책 읽기는 마찬가지라고 생각했지만 그게 전부가 아니었다.

"그럼 책부터 알려주세요. 관심 있는 것부터 듣고 싶어요."

"사실 독서법이란 건 없다고 생각해. 직업상 먹고 살려면 우선 읽어야 하는데 그렇다고 마냥 편히 읽어서도 안 되지. 광부가 금맥을 찾으려고 채굴하듯 캐내야 하지. 찾는 게 아니라 주워 담는다고 말할 수도 있고. 이 작업은 형태를 갖고 바로 써먹을 수 있도록 진행하는 게 중요해."

"책에서 주워 담는다. 필사하라는 말씀이신가요?"

"스케일을 확장해보자고. 인문, 자기계발, 처세, 성공처럼 다양한 도서 분류에서 특정 분야를 선택해야 해. 쓰는 내용이 독서법이라고 했지? 그럼 다시 스펙트럼을 좁혀서 독서법 책을 파고 들어가란 소리야. 출간하려는 내용과 출간된 도서를 작성하고 나열해. 그다음 책을 빌리든지 사든지 간에 쌓아놓고 시작하란 말이지."

"이미 그렇게 하고 있었어요. 대부분 책을 사지는 못하고 빌려봤지만 잊어먹는 게 문제더라고요."

"체득한 경험이나 지식을 하나의 책에 담는 일은 여간 어려운 게 아니야. 질이나 양을 따지지 않더라도 생각을 정리하고 매듭지어야 하지. 쓰는 사람과 읽는 사람 생각이 같을 리 없어. 독자에게 익히려면 체계화해야 해. 이 작업이 힘든 건 너무나 당연한 얘기겠지."

L기자는 이미 지한의 목표를 달성한 사람이었다. 기자이면서 작가인지라 그의 말에는 힘이 실렸다. 그가 입을 열 때마다 푸근한 인상이 날카로워지는 것만 같았다. 말은 빠르고 집중하지 않으면 놓치기 일쑤였다. 그래도 듬직하면서 믿음이 갔다.

"책 쓰는 작업을 간단히 말해볼까. 우선 목차 작성부터 설명할게. 사실 목차가 반인데 콘셉트를 정해야 해. 경쟁도서를 뛰어넘는 게 무엇보다 중요하지. 처음엔 검색하거나 발품 팔아서 30권 정도 목차를 들춰봐. 읽다 보면 맥이 잡히고 방향이 설 수 있어. 만든 목차를 중심으로 책을 읽고 꼭 지별로 자료를 모아서 글로 구체화시키지. 논리적으로 표현하는 거야. 색다르거나 참신할수록 독자에게 먹히지만 쓰기는 어렵지. 그건 저자 역량에 따라 천차만별인거고."

"단거리가 아니라 마라톤이라는 생각이 드네요."

"교양이나 상식 때문에 읽는 일이라면 이럴 필요 없어. 대부분 책을 많이 내려는 저자들이 이 방법을 동원할거야."

"넓고 얕게 그리고 좁고 깊게. 생각해보면 두 가지 모두 장단점이 있겠는데요? 전자는 다변화 시대에 살아남기 위한 생존전략일 수 있고, 후자는 전문 분야를 십분 활용해서 타 분야와 연결시키면 되겠고요."

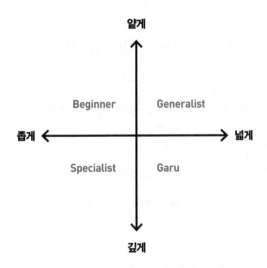

03

책 고르기
– NEWS

"그럼 책 많이 내는 저자처럼 책 고르는 방법이 따로 있나요?"

"동서남북이라고 내가 강연할 때 쓰는 키워드야."

"NEWS 말씀하시는 거죠? W선생님께 배웠습니다."

"청출어람(靑出於藍)이야. 그렇다고 많은 책을 무턱대고 읽는 건 아니지. 먹고살자고 하는 일이면 요령이 생기기 마련이야. 필요한 것만 읽어."

"좀 다른가요? 사방의 정보를 모아놓은 그릇."

"동서남북 차례대로 운 띄워봐."

"동!"

"동질감의 동이야. 내 생각이라든가 사물을 보는 코드가 비슷한 책을 잡는 거지. 코드가 비슷하면 저자가 말하는 것을 수용하기 쉬워. 게다가 내 것으로 재구성하기도 편해. 지식경제시대엔 선택과 집중이 중요해. 원하는 것이 다소 어긋나면 과감히 버리는 것도 좋은 전략이야. 자, 다음."

지한은 동녘 동(東)을 예상하고 있었다. L기자는 W선생과 다른 내공을 가지고 있었다. 현업기자라 그런지 색다른 맛을 느낄 수 있었다. 자부심 있고 세련됐다. 그 페이스에 몸을 맡기기로 했다.

"서!"

"서평이야. 아무리 다독해도 수백 권씩 쏟아지는 책을 다 섭렵할 수는 없지. 전문가의 도움이 필요해. 신문은 특정 요일에 신간을 소개하는 특집 기사를 다뤄. 문화부 기자들은 서평을 소개하지. 그들은 책 보는 눈을 가졌어. 이름을 걸고 트렌드에 맞게 작업하지. 이 식견을 곁눈질하는 건 최고의 방법이야. 물론 광고에 너무 현혹이 되어서는 안 될 일이고."

"건너 배우는 일이네요. 이어서 남!"

"이건 사람들이 놓치는 경우가 많은데 '남' 이야기야. 독서에 일가견을 가진 사람들은 많아. 독서 마니아나 헤비 리더, 얼리 어댑터라고도 하지. 전문가들은 대개 독서 인구 중 10%라고 입을 모아. 이들은 촉이 발달해 있어. 주변에 있으면 십분 도움을 받는 게 효과적이야. 정기적으로 식사하거나 독서모임을 하는 것도 하나의 방법이지. 따끈한 정보는 이런 사람들에게서 나와."

"맞아요. 독서 모임에 참여하면 묘한 분위기를 풍기는 사람들을 만나요. 들어보지 못한 얘기를 하는 경우도 있고 철학자 같은 사람도 있었어요. 다양한 직업군이 있어서 그런 것 같아요. 형님을 독서 모임에서 만났다면 재밌었겠네요."

"이상한 사람도 간혹 섞여 있으니 참고해. 마지막은 내가 할게. 북, 말 그대로 'Book!'이야. 이건 직접 네가 읽고 너만의 방법을 만드는 길이지. 연습과 시행착오 끝에 스스로 터득해야해. 읽는 사람이 너이기 때문에 너만의 방식을 고수하라는 거야. 사람은 사물을 대하는 두 가지 경향을 가지고 있어. 하나는 '알아야 하지' 또 하나는 '해보면 알지'야. 어떤 게 성과를 많이 낼까? 난 후자라고 봐. 일단 해보면 알게 되지."

"저만의 방식이니까 저만 가능한 거네요. 세상에 하나뿐인 내 기술."

04

먼저
책을 파악하라

"혹시 제가 놓치고 있는 게 있을까요? 책 고를 때 제목 다음 목차부터 살피거든요. 끌리면 해당 내용으로 들어가요. 여러 번 반복해서 맘에 드는 책을 고르긴 하는데 옳은 방법인지 모르겠어요. 베스트셀러에 현혹돼 구입했지만 좋지 않은 책이 많았어요. 이와는 다르게 스테디셀러는 좋은 책이 많았고요."

"괜찮아. 대부분 그래. 근데 한 가지 간과하고 있는 것 같네. 혹시 서문 봐? 머리말, 프롤로그 말이야."

"유심히 보지는 않았던 것 같아요. 뭔가 문제 되나요?"

"문제랄 것까지야. 서문이 어떻게 이뤄졌는지 관심 없어서 그래. 그럼

서문 얘기 좀 할게."

L기자는 예리했다. 지한의 속마음을 훤히 들여다보는 것 같았다. 그는 지한에게 하나라도 더 알려주기 위해 시간을 할애하고 있었다. 견적을 내고 처방할 줄 아는 고수였다. 지한은 이런 상황을 감사하게 여겼다. 무능력을 드러낼수록 배울 수 있었다. 그는 인간과 신뢰를 쌓으려는 로봇 같았다.

"저자가 누구인지, 무엇을 말하려는지 파악하는 건 중요한 일이야. 많이들 그러지만 목차를 먼저 보고 그 내용을 대강 읽어내. 사실 목차를 보면 책을 대충 알 수 있지. 읽었는데 쓰고자 하는 내용이 없으면 그 책은 읽지 않아도 돼. 왜냐하면 세상엔 읽어야 할 책이 너무 많기 때문이야."

"제목과 목차, 목차와 내용이 동떨어진 책도 많이 봤어요."

"이제 서문에 대해 구체적으로 이야기해볼게. 책 한 권 분량을 집필하면 서문 작업에 들어가. 서문은 일종의 독자와의 상견례인데 공들여야 하는 작업이야. 수백 페이지를 몇 페이지로 압축하는 장이라 함부로 대하면 안 돼. 엑기스가 녹아 있다고 보면 되지."

"책 전체를 아우를 수 있는 내용이어야겠네요."

"그렇지. 독자 입장에서 보면 압축파일인 셈이지. 책을 잘 고르려면 이 파일을 풀어보는 안목을 가져야 해. 목차도 중요하지만 저자는 머리말에 집필 방침이라든가 전달하고자 하는 메시지를 내놓거든. 그런데 사람들은 그냥 넘어가는 경우가 많아. 곧바로 본문내용 으로 들어가는 경향이 크지. 머리말도 사람 이미지, 성품, 태도를 볼 때처럼 읽어야 해. 머리말을 통해 저자와 교감이 이루어진다면 그 책은 구입해도 무방할 거야."

"저자 프로필을 읽고 검색해본 것 말고는 이렇게까지 고민해보지 않았네요."

"저자는 책을 통해 일종의 설득 작업을 해. 전초전이 바로 머리말이지. 여기에서 독서를 위한 DNA를 추출하는 거야. 좀 여유를 갖고 천천히 대할 필요가 있어. 서점에서 책을 읽는다고 쫓아내진 않아. 게다가 머리말은 두세 번 읽기에도 부담 없는 분량이이거든."

"독자가 검증하는 거네요. 저자 파워가 아니라 글로 판단하겠다, 글로만 승부하자고 말하는 것 같아요."

"맞아. 저자를 청문회에 앉혀놓고 잘잘못을 가려보는 거야. 이를 통해 얻고자 하는 게 무엇인지를 정해보는 거지. 우선순위는 '원하는 내용이 있는가'겠지? 없다면 말할 것도 없이 청문회장에서 쫓아내면 되고. 목적을 갖고 자료를 사진 찍듯이 찾는 거야. 이런 방식을 응용해서 원하는 것이 없으면 그 책을 읽을 필요는 없어. 만약 원하는 내용이면 새로운 것을 제시하고 있는가를 확인하면 돼. 금시초문이거나 애매하게 알던 지식을 잡아주는 내용이라면 구입해도 좋아."

"무엇을 얻고 싶은지 정확한 안목이 있어야 가능한 능력인 것 같아요. 왜 읽어야 하는지 고민해봐야 선별할 수 있으니까요."

"비슷한 관점으로 바라봐도 좋아. 서문에 집필 배경 내용이 담겨 있거든. 네 고민과 저자 배경이 일치하면 교감이 이루어지는 거지. 절대 잊지 말아야 할 건 '이 책을 읽고 얻는 건 무엇일까'야. 이 기준이 없으면 시간 때우기 독서를 할 수밖에 없어."

05

목차의
코드 방정식

돌이켜보면 지한은 시간 때우기 독서를 오래했다. 작가가 아닌 이상 생계와 마감기한이 생소하게 들릴 수밖에 없었다. 반면 L기자는 효율적인 독서를 하고 있었다. 쓸 주제가 정해져 있으니 거기에 맞는 자료를 찾는 건 당연했다. 그나마 지한이 깨달은 건 쓸 주제를 골라 읽으면 됐다. 의외로 쓰기 위한 읽기는 간단해 보였다.

"글밥 먹고사는 사람에게는 당연한 거야. 글에 시간과 돈이 직결돼 있는데 부단히 읽을 수밖에 없지. 독서하는 데 먹고 싸고 자는 이야기만 읽는다고 생각해봐. 얼마나 식상해. 나이, 성별 불문하고 사람이라면 다 하는 일인데. 독자도 그걸 원하진 않아."

"제가 글쟁이가 아니라 헤매고 있었네요. 작가나 기자처럼 생각하고 행동하면 그리 어려운 문제는 아니었는데 말이죠."

"틀에 갇혀서 그래. 너를 가두는 틀을 부술 때 사고를 확장할 수 있어."

"습관을 이기는 습관 같은 거네요. 습관은 틀을 만들고 그걸 깨려면 새로운 습관을 만들어야 하고."

"그렇지. 사물은 관점에 따라 차이가 있어. 무엇을 어떻게 보느냐에 따라 달라지지. 예를 들어 월트 디즈니는 다들 싫어하는 쥐를 보고 미키 마우스를 만들었고 벤자민 프랭클린은 번개에서 전기를 보았지. 와트는 주전자를 보고 증기 기관차를 만들었고 로댕은 돌을 인생 고민하는 젊은이로 봤어. 생각의 차이가 변화를 만들었지."

"형님은 그런 습관이 있었나요? 처음부터 그런 스킬을 갖진 않았을 거 아니에요."

"당연하지. 나도 처음부터 그러진 않았어. 책을 사면 처음부터 끝까지 읽어야 속이 시원했지. 읽다만 게 아깝기도 했지만 다 안 읽으면 왠지 책한테 지는 거 같았단 말이야. 책도 기껏해야 사람을 위한 건데, 그렇다고 무생물한테 화를 낼 수도 없고. 시간 여유가 없던 게 컸지만 씨름하다 보니 지름길은 생기더라고."

"없던 길을 만들었나요? 아니면 돌아가셨나요?"

"뒤늦게 발견한 길이라고나 할까. 목차에서 찾아냈어. 목차를 통해 전체를 읽는 거지. 나름 내공이 쌓여야 가능한데, 스펙트럼이 넓으면 예상할 수 있어."

"아직 그 시야를 갖추진 못한 것 같아요."

"그럼 지금부터 잘 들어봐. 분명 나중에 도움 되거나 써먹을 만한 일이 생길거야. 목차에는 '코드'나 '방정식'이 숨어 있어."

L기자는 마르지 않는 우물이었다. 지한이 생각했던 것보다 책을 분석하는 스킬이 디테일했다. 지한은 코드 개념이 차츰 익숙해졌다.

"자세히 설명해주실 수 있나요?"

"알고리즘 개념인데 좀 복잡해. 일단 목차는 대충 보지 말고 자세히 읽으라고 말하고 싶어. 책 구성은 4개, 5개부로 구분해. 각부는 다시 각장으로 세분해서 절을 만들고 글을 채우지. 목차는 신문으로 치면 헤드라인 격이야. 간단한 말로도 남을 감동하게 만들거나 약점을 찌를 만한 내용으로 압축돼 있어."

"컴퓨터에서 소프트웨어 개발할 때 필요한 알고리즘 말씀하시는 거죠? 그게 책에 활용 가능한가요?"

"응, 핵심은 책을 구성하는 내용을 분석하는 일이야. 텍스트를 분해하고 패턴, 순서를 파악하는 일이지. 기획에서 많이 사용하는 '2W+1H' 방식을 사용해도 좋고."

"Why, What, How를 말하는 거죠? 보고서에도 많이 쓰이는 양식이요."

"잘 알고 있네. 그렇다고 목차에 적용하는 건 쉬운 일이 아니지. 관계와 흐름이 중요하긴 한데, 하나하나 집중적으로 말해볼게.

가장 중요한 건 Why야. 이건 책 서문이나 서론에 있기 마련인데 저자가 '왜' 쓰려고 하는지 섭렵해보는 작업이지. 대개 2-3개 부분에 걸쳐 저자가 의도하는 내용이 담겨 있어. 목차를 통해 저자 의도만 알아내도 책은 다 읽은 거나 다름없어. 나머지 내용은 글을 상세하게 늘린 작업이지.

다음은 What이야. '무엇'을 얻고 싶은지 찾아내는 일이야. 목적지를 알고 출발하는 셈이지. 너와 부합하는 걸 찾아내면 돼. 원하는 내용이 있으면 그 목차의 페이지로 들어가 보는 일이지. 앞서 얘기한 청문회 방식과 비슷하지? 그만큼 기준은 '너'야. 책에 휘둘리지 마.

마지막 How야. '어떻게'는 방법을 말해. 독자들에게 오해 소지가 클 수밖에 없는 부분이지. 실용서나 자기계발서는 특성상 '하라, 해야 한다'를 외쳐. 각기 다른 문젯거리를 두고 단일 솔루션을 제시하지. 따라서 그게 문제와 해결이 아니라고 느끼는 독자는 강요로 들릴 수밖에 없어. 어찌 보면 저자는 '해결사'를 자처하는 거지."

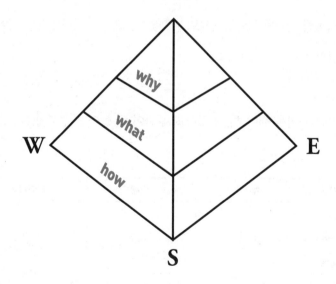

지한은 놀랐다. 아무도 모를 것 같은 자기 미래에 대해 점쟁이 같이 말하니 왠지 기분이 나빴다. 얼굴은 달아오르고 말에서 꼬투리를 잡기 시작했다. L기자의 말대로라면 독서법은 강요하는 책이기 때문이다.

"방금 형님이 오해할 수 있는 부분이 있다고 했습니다. 제가 쓰는 건 독
서법이에요. 형님 말씀대로라면 Do나 How로 써야 한다는 건데. 욕먹는
걸 알면서 제가 왜 써야 하나요? 실용서나 자기계발서처럼 2W1H와 같은
구분이 있나요? How를 쓴 사람들은 그걸 인지하고 썼나요? How가 그렇
다면 Why나 What은요?"

L기자는 지한을 지그시 응시했다. 그는 아무렇지도 않게 태연한 웃음
으로 답했다. 곧 웃음은 정색으로 바뀌었다. 그리고 기다렸다는 듯이 입
을 열었다.

"기자는 사실을 써야 해. 그렇다고 주관이 안 들어갈 수도 없는 노릇이

5W1H	누가			언제			어디서		
Who	내가			지금			여기		
When									
Where									
Why	과거	현재	미래	과거	현재	미래	과거	현재	미래
What	과거	현재	미래	과거	현재	미래	과거	현재	미래
How	과거	현재	미래	과거	현재	미래	과거	현재	미래

지. 객관적이어야 한다지만 주관적으로 객관적인 사실을 골라내면 되는 거잖아? 내가 보는 세상이 있어. 네가 보는 세상과는 달라. 어찌 보면 당연한 얘기지. 선택하는 건 네 몫이야. 다시 네 기준에 맞춰 한번 말해볼까. 도서 분류를 2W1H로 구분하면 이래.

Why는 고전이야. 사색을 바탕으로 본질에 닿기 위해 '진리'를 제시하지. 글의 주류가 생각(Why)이기 때문에 직업이나 저자 파워에 따라 에세이(산문), 철학, 사상, 종교 서적으로 나눠져. 뒤로 갈수록 그 깊이는 인간을 초월하지.

What은 인문사회과학서야. 전반적인 사회시스템을 확장하고 세계역사 흐름과 연관지어 '통찰'을 제시해. 그 중심에 인간이 있어. 결국 사람을 위한 학문이라는 거야. 정보(What)가 주류이기 때문에 교양과 상식이 많고 시간에 따른 변천사를 보여주면 인문서적에 가까워져.

How는 실용서야. 일반인에서부터 전문가까지 주어진 상황에서 어떻게

왜			무엇을			어떻게		
과거	현재	미래	과거	현재	미래	과거	현재	미래
과거	현재	미래	과거	현재	미래	과거	현재	미래
과거	현재	미래	과거	현재	미래	과거	현재	미래
과거	현재	미래	과거	현재	미래	과거	현재	미래
과거	현재	미래	과거	현재	미래	과거	현재	미래
과거	현재	미래	과거	현재	미래	과거	현재	미래

해야 하는지 '방법'을 제시하지. 경제경영, 자기계발서, 전공서, 수험서와 같이 주로 일상생활에서 필요한 실용적인 문제를 다뤄. 말한 것처럼 대개 'ㅇㅇ법' 그리고 '하라. 해야 한다'로 글을 전개하기 때문에 읽은 사람이 아니라고 생각하면 거부감이 들 수밖에 없어. 네가 말하는 독서'법'도 여기에 속한다는 거고."

L기자는 자기만의 도서 분류를 거침없이 설명했다. 흔히 사용하는 2W1H라지만 이러한 고민은 해본 사람만이 알 수 있는 영역이었다. 그 와중에 지한은 마지막 자존심을 내밀었다.

"그런 기능이 있는 줄은 몰랐네요. 그럼 육하원칙 중 나머지 Who, When, Where는 어디 갔나요?"

"아직도 그걸 몰라? 대문호 톨스토이도 강조했지. '네가 지금 여기서' 하라는 거야. 대신해줄 사람을 기다리지는 마."

06

기억보다
기록을 믿어라

　지한이 보기에 L기자는 명망 있는 학자가 아니었다. 기자 출신 작가 정도로 여겼다. 하지만 막상 부딪혀보니 재야의 숨은 고수였다. '왜 읽어야 하는가?' '무엇을 읽어야 하는가?' '어떻게 읽어야 하는가?' 2W1H는 질문을 낳기에 부족함이 없었다. 그래도 근본적인 질문을 안 할 수 없었다. 왜, 무엇을 위해, 어떻게 하려고 이 사람을 만났는지. 결국 잘 먹고 잘 살기 위해서다.

　"형님 말씀 감사합니다. 생각지도 못한 얘기를 해주셨네요. 아직 정리가 안 된 것 같아서 곰곰이 되새겨보겠습니다. 그래도 분명한 건 출간해야 한다는 겁니다. 조언 주시면 감사하겠습니다."

　"책을 보면 디자인을 위한 여백이 있는데 여기에 집중해야 해. 여백은

가독성과 디자인을 위해 있기도 하지만 떠오르는 아이디어나 하고 있는 일, 주제와 연계되는 생각을 써넣을 수 있는 공간이기도 하거든. 이것을 DB화 해가는 거지. 왜냐하면 메모할 때 가상의 부가가치가 덤으로 생기기 때문이야.”

“흔적을 남기라는 말씀이신 거죠?”

“적극적으로 글에 끼어들라는 거야. 사람들은 책을 소중하게 다루는 경향이 있어. 내 생각은 좀 달라. 밑줄, 그림, 메모도 하면서 상상의 나래를 펼쳐야 해. 이게 나중에 글맥이 돼. 읽어서 이해하는 게 아니라 간섭해서 내 것으로 만드는 거야. 그래서 능동적인 독서는 스토리가 아니라 액토리 (Actory = Action + Story)라고 말하지. 새로운 스토리를 만드는 작업이 메모인 거고.”

“문득 도서관에서 빌린 책에 온갖 추잡한 짓을 한 사람들이 떠오르네요. 그래도 그렇지, 대출도서에 메모하고 접고 찢어가는 건 아닌 것 같아요. 코딱지나 라면 얼룩, 빵 부스러기, 모기, 파리가 박제돼 있어 긴장하면서 책장을 빨리 넘겼던 기억도 나요. 소소한 단풍잎, 은행잎, 편지는 환영했지만요. 형님이 말씀하시는 건 소장한 책 아니면 불가능하겠네요.”

큐빅리딩

"그럼, 뭘 하든지 남에게 피해를 주면 안 돼. 사진을 찍든가 구매, 복사 아니면 옮겨 적는 게 맞아. 궁극적으로 이 작업은 집필하기 위해서야. 만다라트(발산) 도구를 활용하거나 감명 받은 내용을 단어(수렴)로 요약, 정리하는 것도 나중에 써먹게 돼. 이 작업을 귀찮다고 여기면 뇌 근육은 키워지지 않지. 사람은 망각의 동물이야. 기억을 믿지 마. 기록을 믿어."

Solution	Solution	Solution	Solution	Solution	Solution	Solution	Solution	Solution
Solution	**Problem**	Solution	Solution	**Problem**	Solution	Solution	**Problem**	Solution
Solution	Solution	Solution	Solution	Solution	Solution	Solution	Solution	Solution
Solution	Solution	Solution	**Problem**	**Problem**	**Problem**	Solution	Solution	Solution
Solution	**Problem**	Solution	**Problem**	**Goal**	**Problem**	Solution	**Problem**	Solution
Solution	Solution	Solution	**Problem**	**Problem**	**Problem**	Solution	Solution	Solution
Solution	Solution	Solution	Solution	Solution	Solution	Solution	Solution	Solution
Solution	**Problem**	Solution	Solution	**Problem**	Solution	Solution	**Problem**	Solution
Solution	Solution	Solution	Solution	Solution	Solution	Solution	Solution	Solution

그나마 메모에는 일가견 있는 지한이었다. 안타까운 것은 기록이 일상인 반면 요약, 정리는 소홀했다. 오래된 흔적이 여러 곳에 흩어져 있는 건 어렴풋이 짐작할 수 있었다. 날을 잡아 일목요연하게 정리하기로 했다.

"슬슬 일어나자. 짧게 몇 마디하고 마칠게. 지금까지 남긴 흔적은 그대로 방치하면 무용지물이야. 네 입맛에 맞게 가공하고 재구성해야 해. 가령 '성공은 자연산이다.'라는 문장은 '성공은 '양식'이다.'라는 새로운 문장으로 만들 수 있지. '당신이 쓰지 않으면 인생이 쓰다.'라는 의미심장한 문장을 만들 수도 있어. '아버지(가 방)에 들어가신다.'와 같은 전혀 다른 문장도 가능하고. 말장난 같아 보여도 가공은 어디로 튈지 모르는 창의성을 말하는 거야. 자, 오늘은 여기까지! 신문 읽기는 다음 기회에."

L기자는 말 끝나기 무섭게 지한을 고깃집으로 끌고 갔다. 그는 은근히 정이 많은 사람이었다. 식사 중에도 근심걱정 많아 보이는 지한의 고민을 들어주며 건성으로 답변하지 않았다. 오히려 반복되는 일상의 무료함을 달래는 데, 지한과의 자리가 활력이 되는 듯했다. 대화는 길어지고 빈 병은 늘어갔다. 어느새 그의 눈은 반쯤 풀려 있었다. 논리 정연하던 모습은 온데간데없이 일 얘기와 가정애기를 넘나들었다. 그러면서도 지한에게 아낌없는 조언은 잊지 않았다.

"다소 부수적인 이야기를 해볼까. 좋은 책은 반복해서 읽어봐. 자주 읽어서 해로울 게 없는 게, 읽을 때마다 새롭기 때문이야. 숙성 시간이 길면 길수록 대어를 낚을 수 있지. 이런 책들은 대부분 고전에 있어. 책 읽는 시간이 따로 있는 건 아냐. 출퇴근 시간, 화장실, 잠자기 전, 점심시간처

100

럼 짬나는 시간을 활용해. 네가 독서하는 장소가 어디든 거기가 바로 서재야. 손에 책 부여잡고 네가 다니는 공간을 전부 서재로 만들어. 메모한 건 꼭 정리하고."

"네, 형님. 진심 어린 걱정 감사드립니다. 혹시 언제 괜찮으세요? 편하신 시간 알고 싶습니다. 오늘 못다 한 신문 읽기에 대해 꼭 듣고 싶어요."

"안 했나? 여기 한 병 더요."

지한은 L기자를 응시했다. 그는 쓸쓸해 보였다. 가정과 직장에서 살아남는 원동력이 술인 것만 같았다. 빈 병이 가득한 테이블 위에 지한이 마신 건 한 병이었다. 지한은 추가한 술을 취소하고 그에게 실질적인 도움을 주기로 했다.

"제가 잘 몰라서요. 말씀해주셨는데 잊어버렸습니다. 다음에 또 얘기해주세요. 형수님이 기다리시겠어요. 오늘만 날이 아니잖아요. 자주 뵙고 싶어요."

"하하, 그래, 인마. 나도 그래. 미리 연락만 해. 하도 떠들어서 뭘 말했는지도 모르겠다. 아쉬울 때 일어나자. 마누라한테 혼나겠다."

07
길거리 지식을
활용하라

지한은 L기자와의 만남 이후 신문 콘텐츠를 반드시 챕터에 넣어야겠다고 마음먹었다. 그와는 2주 뒤 약속을 잡고 자료 수집에 착수했다. 도서관과 서점을 돌며 메모하고 사진을 찍었다. 신문과 인터넷 검색을 통해 몇 가지 책을 추려냈다. 책은 꼭 필요한 자료일 때만 구입했다. 형편대로 중고서점에서 사고 없으면 도서관에서 필사했다. 50권의 목차를 리스트업하고 30권을 걸러냈다. 30권을 축약해 10권으로 만들었다. 불필요한 자료를 걷어내니 보기에도 좋았다.

약속 기일이 다가왔다. 지한은 마음이 들떴다. L기자에게 결과물을 보여주며 잘하고 있는 건지 확인받고 싶었다. 인정받고 싶은 마음은 더 컸다. 하지만 부푼 기대와는 달리 그는 수척한 모습을 보이며 나타났다.

"형님, 많이 피곤해 보이세요."

"요새 좀 바쁘네? 아이디어도 내야 하고 탈고할 책도 있어서 말이야. 그래도 약속한 게 있으니 먼저 처리하려고 왔어."

"죄송스러운 마음뿐이네요. 무리하지 않으셔도 되는데."

"아니야, 괜찮아. 그래, 궁금한 게 뭐라고 했지?"

L기자는 첫 만남에서의 얘기를 잊은 듯 했다. 정신이 없어 보였다. 쳇 바퀴를 돌다가 내려온 지 얼마 안 된 것 같았다. 지한은 준비한 자료를 살며시 가방에 집어넣으며 말했다.

"신문 읽기요. 저번 만남에서는 책 읽기를 말씀해주셨어요."

"그래, 궁금한 게 신문읽기랬지. 바로 설명할게. 책은 2-3년 전, 월간지는 2-3개월 전, 주간지는 2-3주 전 이야기야. 그런데 신문은 어제오늘 이야기라고. 그러니까 가장 hot!하다는 거지. 그래서 책 읽기보다는 신문 읽기를 더 강조하는 편이야. 네가 문학 작품을 쓰는 게 아니라 이런 말을 하는 거고."

"책 – 월간지 – 주간지 – 신문 프로세스네요."

"내가 기자 출신 작가라 글쓰기 특강 같은 게 자주 오는 편이야. 보통 주제를 '신문 읽기와 글쓰기'로 잡지. 강의에서 전하는 내용을 중심으로 이야기를 해볼게. 혹시 전에 말했던 딥 리딩과 라이트 리딩 기억나?"

"네, 기억나요. '좁고 깊게' 그리고 '넓고 얕게'요."

"그 얘기를 좀 더 해볼게. '학문적인 지식'은 대학교, 전문기관에서 배우는 지식이야. 흔히 말하는 학교 공부, 시험공부, 자격증 공부지. 이 지식은 습득 유무에 따라 고정자산이 되면서 쉽게 바꿀 수는 없어. 명문대와 지방대, 학점, 국가자격시험 같은 거지. 얻으면 남들보다 유리한 고지를 차지할 수 있어. 한 관문을 통과하기 위해 '좁고 깊게' 축적하는 거야.

다른 하나는 '길거리 지식'이야. 이건 전문기관에서 배우는 게 아니라 살아가는 데 필요한 실질적인 지식이야. 자영업자는 고객을 접대하고 응대하는 지식이 필요해. 부동산 전문가는 매매 중개 지식이 필요하지. 마켓을 운영하는 사람은 고객 동선을 파악해야 해. 운동선수처럼 움직이려면 몸이 닳도록 써봐야 아는 거야. 이처럼 사람이 만능 전문가가 될 수는 없어. 이런 세상도 있다 정도는 알 수 있도록 '넓고 얕게' 축적하는 거지."

"넓고 얕은 지식을 통해 좁고 깊은 지식 전환을 유도하면 되겠네요. 신문과 책을 통해서요. 뭐든 선택과 집중인 것 같아요."

"자신이 처한 상황에 맞게 해야겠지? 앞으로는 콘텐츠 세상이야. 시간은 사람을 기다려주질 않아. 브랜딩 지식이 많을수록 좋지만 누구나 그렇게 살 수는 없지. 직장인도 가능하지만 전환하기는 사람마다 다르겠고. 넌 그나마 시간적 여유가 있으니 유리할 거야."

"신문으로 넓은 지식을 쌓으라는 말씀이신 거죠?"

"지식을 어떻게 가공해서 내놓느냐가 관건이지. 단적으로 1인 기업가도 팔 게 없으면 끝장이야. 상품과 다른 건 '무형지식'이라는 거고. 상장기업처럼 이름, 상품, 마케팅, 수금도 해야 하는 건 매한가지야. 이 지식이 가장 많이 숨어 있는 지맥은 신문이지."

"형님은 가공에 일가견 있으신 거네요. 독특한 책 읽기 방법을 알려주시던 모습과 매치돼요."

"내 생각이지만 책과 신문은 크게 다르지 않아. 기자라기보다 신문이 주는 마력에 대해 말해주고 싶었어."

"저는 아버지가 구독하시는 일간지를 봐요. 매일 신문 읽는 습관을 들이려고 노력하는 중입니다. 형님은 회사 큐빅일보를 구독하시겠네요?"

"그것만 보겠어? 타 언론사 7가지를 동시에 구독하지."

"네!? 7부요? 그걸 정말 다 봐요?"

"말했잖아. 스킬로 걸러보는 거라고. 나야 생계라 그렇지만 너는 필요할 때마다 편의점에서 구입하면 돼. 한 부에 800원이면 사볼 수 있어."

"그만큼 신문이 중요하다는 말씀이네요."

"난 강의에서 신문은 중요한 게 아니라 모든 것이라고 강조하기도 해. 코드와 공식 기억나지? 이 지식을 가르쳐주는 기관은 없어. 진짜 지식은 살아가면서 만들어가는 거야."

08

쓸거리는 정해놓고
채집하라

지한은 슬그머니 완성한 목차를 가방에서 꺼내 L기자에게 건넸다. 처음부터 피곤이 역력한 L기자에게 결과물을 보여주는 건 실례 같았다. 하지만 고민도 잠시, L기자는 언제 그랬냐는 듯 빠르게 자료를 스캔했다. 펜을 쥐고 위아래로 체크할수록 A4용지는 지저분해졌다.

"그래도 나쁘진 않네. 뻔한 건 들어내고 이건 위로 올려봐. 이건 삭제하고. 아니 이건 여기 집어넣고. 이건 무슨 얘기지? 나도 잘 모르겠네. 이 부분은 나라면 이렇게 하겠어. 줄이고 줄여. 글은 담백한 게 좋아."

지한은 L기자가 믿음직스러웠다. 전문가가 직접 해주는 첨삭이라 더욱 신뢰가 갔다. 그를 통해 사소한 부분부터 차근차근 흡수하고 있었다. 가장 중요한 글쓰기 근육도 서서히 다져지고 있었다.

"형님 말씀대로 해보니 되더라고요. 차차 완성해가겠습니다. 이번에는 신문읽기를 쓰기에 활용해보려 합니다. 지도 편달 부탁드립니다."

"신문 보는 습관 들인 사람이라면 간단한데, 일단 내 경험상 효과적인 신문 보는 법을 알려줄게. 네가 쓰려는 주제 또는 아이템을 정해. 내 경우엔 분류가 많지. '4차 산업혁명', '경제', '창업', '청년', '미래', '트렌드', '인문학', '독서', '공부법', '글쓰기'와 같이 쓸거리를 정해놓고 찾아 읽어. 그리고 컴퓨터에 같은 이름의 폴더와 한글 파일을 만들지."

"정해놓고 읽는다. 다시 한 번 상기되네요. 책 쓰기와 다르지 않은 것 같아요. 주제를 머리에 부여잡고 읽는 게 관건이겠어요."

"그렇지. 자칫하면 다른 글에 빠지게 돼. 인터넷은 이런 데 취약하지. 솔깃한 광고나 자극적인 소재에 휘둘리면 시간 낭비하게 될 거야. 전혀 무관한 글이나 이미지를 타고 넘어가게 된단 말이지. 네가 쓸 자료를 스캔하는 거야. 시간 낭비하지 말고 관련 기사를 찾아. 종이 신문은 이런 가능성을 애초에 차단해. 아날로그의 장점이라 할 수 있지."

"제 머리에 CCTV 설치하셨어요? 뜨끔했네요."

"그렇다고 디지털 기능을 간과할 순 없어. 활용할 수 있는 건 하자 이거야. 언론사 홈페이지나 앱에서는 종이 신문에서 읽었던 기사를 검색할 수 있어. 이것을 모두 디지털화해. 카톡이나 에버노트, 메모장으로 공유하거나 Ctrl+C · Ctrl+V로 옮겨도 되고. 이 기사의 종착지는 폴더 분류에 있는 한글 파일인 거지."

"기사를 아날로그에서 디지털로 옮긴다는 거네요. 처음부터 디지털로 해도 가능하겠고요."

"사람마다 차이가 있겠지? 아날로그를 고집하는 사람도 있을 테고. 나는 블루투스 키보드를 가지고 다녀. 스마트폰과 키보드만 있어도 모든 문서 작업을 처리할 수 있지. 노트북이 무거워서 그런 것도 있고."

"나중에 활용할 수 있도록 기사를 한글 파일에 수집하면 되는 건가요?"

"계속 자료가 쌓일 텐데 그대로 두면 감당이 안 되겠지? 글 쓰는 데 필요한 자료를 붙이는 작업이야. 평소 수집 자료에서 바로 쓰기 자료가 될 수 있도록 원문을 다듬는 작업이 필요하지. 여기서 잊지 말아야 할 사실은 그대로 인용하거나 각색하더라도 출처는 반드시 남겨야 해. 그리고 일기를 제외한 글은 설득 작업을 피할 수 없어. 주장을 했으면 합당한 근거나 이유를 들어야 하지. 사례나 예화, 통계 수치, 공신력 있는 기관의 평가 자료로 보강한다는 건데. 이게 없으면 개똥철학이 되기 쉽지. 우기기로 들릴 수밖에 없고."

"공자 왈, 맹자 왈 같은 거군요. ○○가 말했다. OECD, KDI, 통계청, 평가기관의 수치 같은 거요."

"맞아. 공신력이나 저명할수록 설득력 있는 게 현실이야."

지한은 곰곰이 생각했다. 모두 맞는 소리다. 검색 포털에 김지한을 치면 동명이인만 잔뜩 나왔다. 자신이 세상을 바꾸겠다고 주장하면 개소리라고 여길 사람들이 많았다. 이게 현실이니 왠지 시무룩해졌다.

"지한아. 인생은 마라톤이라고 하잖아? 멀리 보고 실천해가길 바란다. '직'을 버리고 '업'을 찾아가는 길이 쉬운 게 아냐. 형은 생활의 달인 프로그램을 좋아해. 타이어, 굴삭기, 세차, 호떡, 구두, 다슬기, 공예 기량을 갖춘 달인들이 감동을 주지. 그들에게는 공통점이 있어. 한 분야를 파고든다는 거야. 벌써 네가 쓴 책이 어떻게 나올지 궁금하네. 너도 할 수 있다고 굳게 믿는다. 힘들면 언제든지 찾아와. 너 같은 놈이 잘돼야 해."

L기자는 지한을 꼭 안아주었다. 지한도 덩달아 그를 힘주어 당겼다. 둘은 온기를 나누며 서로의 지원군임을 알 수 있었다. 가는 길은 다르지만 언젠가는 다시 만나는 길이란 것을 어렴풋이 느낄 수 있었다.

09

대상 독자부터
정하고 써라

지한은 L기자의 이야기를 토대로 데이터를 구축해갔다. 그가 첨삭해준 목차를 꼼꼼히 살피고 왜 이렇게 수정했을까 고민했다. 그리고 그에 맞는 추가적인 책과 신문 자료를 수집했다. 시간이 나면 책을 읽고 자료가 모이면 글을 썼다. A4 한 장 분량을 채우는 데 하루가 걸리는가 하면 반나절이면 족한 날도 있었다. 읽고 쓰기를 반복하는 강행군 속에 원고는 쌓였다. 출간을 향한 집념에 자신감도 서서히 회복하고 있었다.

지한은 자기가 맘에 드는 원고 한 꼭지를 어머니에게 건넸다. 자신의 글을 주변에 많이 보여주라는 말은 유명작가들의 일치하는 생각이었다. 칠순노모나 초등학생이 알 정도로 쉬운 글이 가장 좋은 글이라 했다. 무엇보다 어머니를 독자로 두고 반응을 보고 싶었다.

"무슨 소리인지 헷갈리는데? 그리고 일단 재미가 없다야."

지한의 기대와 어머니 반응은 달랐다. 차가움과 미지근함의 경계였다. 오히려 다행인 건 어머니의 솔직한 평가를 들었다는 사실이다. 객관적인 피드백이 심하면 심했지 덜한 독자는 적을 터. 무엇이 문제인지 궁리했다. 개똥철학이 문제였을까, 너무 가볍게 쓴 게 문제일까. 고민 끝에 L기자에게 전화했다.

"형님, 통화 가능하세요?"

"응, 잠시. 왜?"

"제가 쓰려는 독서법 있잖아요? 제 어머니께서 원고를 보셨는데 반응이 별로였어요. 그래도 나름 잘 썼다고 생각한 원고였는데 말이죠. 문제를 정확히 알아야 할 것 같아요. 형님이 봐주시면 안 될까요?"

"지금 그럴 시간까지는 안 될 것 같아. 전에 대강 목차를 훑어봐서 알겠는데, 그건 누구를 대상으로 쓴 거야?"

지한은 머뭇했다. 딱히 생각해본 적 없다. 명확한 게 없다보니 L기자에게는 생각나는 대로 둘러댔다.

"30대 내외 청년이요."

"일단 어머닌 재미없으신 게 맞겠네. 그럼 왜 30대인데?"

"독서 모임에서 만나온 연령 때가 대략 그랬거든요. 아니면 꿈과 희망을 심어주기 위해서?"

"그건 네 생각이고. 네 책은 누구에게 도움이 될까? 독자는 무엇을 얻어갈까? 네가 생각한 독자층에 어머니는 포함된 게 맞나?"

지한은 준비가 덜 됐음을 알아차렸다. 자화자찬에 의욕만 앞서 있었다. 정작 어머니를 전혀 생각하지 않고 쓴 글을 어머니에게 보여줬다. L기자 조언을 듣다보니 자신이 원하는 글만 쓰고 있음을 깨달았다. 두터워진 원고를 보니 허무함이 느껴졌다.

"형님 계속 번거롭게 해서 죄송하네요. 근데 한 번 더 죄송해야 할 것 같아요. 원고 몇 개만 봐주실 수 있을까요? 형님이 피드백해주시면 방향 잡는 데 큰 도움이 될 것 같아요."

"괜찮아. cubicreading@naver.com으로 세 꼭지 정도 보내봐. 확인하고 알려줄게."

　통화를 끝낸 직후 지한은 스마트폰을 부여잡았다. 한숨이 절로 나왔다. 다시 마음에 동요가 찾아왔다. 불신이 싹트기 시작했다. 방향을 잘못 잡은 건지, 필력이 하찮은 건지 알 수 없었다. 머리가 형편없다 정해 놓고 싶었다. 그나마 다행인 건 전문가의 냉철한 의견을 들을 수 있는 상태다. L기자를 몰랐더라면 어땠을까 상상하니 암울하고 아찔한 상황만 넘쳐났다.

　고민 끝에 지한은 일상에서 탈출하기로 했다. 책을 펼쳐도 눈에 들어오지 않았다. 쓰기가 두려워지니 할 수 있는 게 없었다. 문제가 정리될 때까지 무턱대고 쓰면 안 될 것 같았다. 마음 편히 맥주를 마시며 영화를 봤다. 음악을 들으며 소리쳐 따라 불렀다. 그 와중에도 자신의 고민을 알아주는 사람은 가족뿐이라 생각했을까. 그것도 잠시 TV를 보며 웃고 떠드는 부모님을 보고 이내 생각을 접었다. 얄밉게 부모님을 바라보고 있을 때 L기자에게 메시지를 받았다.

'일요일 연신내 큐빅스터디 센터 3호실에서 2시에 보자.'

10 / 구조 설계하고 기초부터 시공하라

약속날짜에 지한이 찾아간 곳은 깨끗한 스터디 센터였다. 공간이 구획 돼 있는 공부방 같은 곳이었다. 3호실에 들어서자 L기자가 반겨줬다. L 기자는 눈치가 빨랐다. 그는 커피를 비우자마자 본론으로 넘어갔다. 지한 이 듣고 싶어 하는 얘기를 빨리 진행해야 할 것 같아서다.

"오늘은 여기로 불렀어. 판서를 해야 할 것 같아서 말이지."

L기자는 화이트보드에 얼개를 그려갔다.

"지한아, 돌려서 말 안 할게. 넌 기초가 부족한 것 같다. 글쓰기 준비 가 안 되어 있어. 아무리 그래도 기본적인 틀 정도는 알아야 해. 서론−본 론−결론이나 기−승−전−결 구조 말이지. 원고 내용을 살펴봤는데 글에 비약이 많고 논리가 부정확해. 의미가 연결돼 있어야 하는데 뜬금없는 이야기가 나오기도 하고. 그래도 너무 실망하지 마. 그런 과정도 겪어야 앞으로 안 그런다. 원고는 생산하는 게 어렵지 뜯어고치는 건 쉬워. 오늘 새로 배우고 다시 퇴고해서 완성도 높이면 돼."

"모두 버릴 생각하니 아까워 죽는 줄 알았는데, 다행히 다시 써먹을 수 있다는 거네요."

"내가 늘 하는 말이 있다. 무엇을 배우는 데 버리는 시간 같은 건 없어. 성장하면서 착오도 줄게 될 거야. 아무나 4강에 진출하면 그건 동네축구지 월드컵 경기가 아니야. 누구나 글 쓰고 책 내면 그것도 전문가가 아니지. 시간이 걸리는 일이니까 너무 서두르지 마."

"감사합니다. 형님."

"글쓰기 강의할 때 간단하게 하는 '집짓기 게임'이라는 게 있어. 참석자들에게 A4용지를 한 장씩 나눠 주고 5분 동안 꿈의 주택을 그리라고 하지. 그러면 아주 재미있는 일이 벌어져. 집을 짓는데 지붕부터 그리는 거야. 그다음 기둥을 세우고. 현실은 어때? 집 지으려면 땅부터 파고 기초를 만들지? 그 위에 기둥을 세우고. 지붕은 맨 마지막에 올라가지."

"제가 건축공학도라지만 그런 실수하기 쉽겠네요."

"글쓰기와 집짓기 과정은 거의 비슷해. 여기서 말하는 기초는 공부를 제대로 하는 거지. 튼튼한 뼈대를 세워야 한다는 거야. 흔히 붓 가는 대로 쓰는 건 글로 밥 벌어 먹는 사람 얘기고. 건축가가 설계도를 꼼꼼하게 살피듯 글도 설계 구조를 짜야 해. 강의 내용을 중심으로 글쓰기 기초를 설명해줄게."

지한은 필기도구와 메모장을 꺼내들었다. 오늘부로 기초는 끝장내기로 마음먹었다.

"나는 '글쓰기 매트릭스'라는 것을 만들었어. 기초가 부족한 사람을 위해 만든 공식이지. 생각(Think) − 수집(Collect) − 쓰기(Output) − 수정(Painting) 4단계로 돼 있어. Think는 아이디어를 내는 작업이야. 글쓰기를 위한 동기나 계기로 생각하면 돼. 대체로 초보자들은 쓸거리를 정해놓지 않아. 원칙은 무엇을 쓸 것인가 고민한 후 글을 뽑아내야 하지. 다음은 Collect 야. 앞서 말했듯이 책과 신문에서 자료를 수집하는 일이야. 본격적으로 콘셉트를 구체화하는 작업이라고 생각하면 돼. 글 쓰는 방향이나 배경, 이야기를 채담, 채화, 채지로 말하는 거야. 자료에서 주제나 아이템, 키워드를 뽑아내야 하지."

"설득이 그렇게 중요한가요? 자유롭게 쓰면 되는 거 아니에요?"

"심야토론이나 백분토론에서 참가자들이 치열하게 대화하는 모습을 봤을 거야. 그렇다고 막무가내로 하지는 않아. 검사, 변호사가 법정에서 공방하듯 설득력 있는 증거를 제시해야 하는데, 바로 그 일을 하는 게 자료수집이라는 거지. 게다가 말이 쉽지 글쓰기는 어려워. 인용은 둘째 치고 추가적으로 각색을 해야 하기 때문이야."

"어머니께 보여드린 원고가 단순히 재미없거나 어려운 문제가 아닐 수도 있겠네요. 글이 어머니를 설득 못 한 것일 수도 있겠어요."

"아무리 아들이라지만 너에게 필요한 말씀을 하셨을 거야. 어머니를 대상으로 글을 쓴다면 어머니가 공감할 만한 자료가 나왔을 때 보기 좋겠지? 그래서 기획 단계에서 출판시장을 아는 게 중요해. 독자타깃 층을 명확히 할수록 단 한 사람을 위한 글이 되지."

"제 글은 너무 주관적이었나 봐요. 객관성을 높이는 작업이 논리와 설득인 것 같아요. 아마도 공부가 부족해서겠죠."

"그래서 '개똥철학'이라는 말이 있는 거야. 네 세상을 알아서 이해해주

길 바라는 건 욕심이지. 개략적인 준비가 끝나면 쓰면 돼. Output이지."

"형님이 말씀하신 걸 정리하면, 콘셉트에 맞게 키워드를 뽑아 자료를 선별하는 거네요. 그다음 나머질 글로 채우는 거구요. 제 문제는 바로 쓰기 시작했기 때문에 설득력이 부족했던 것 같습니다."

"이해가 빨라서 좋긴 한데 좋은 글을 쓰는 것도 나름 요령이 있어. 'A는 B다'라는 문장을 분석하면 주어+서술어야. 초등학교 시절 일기장 기억나? 예를 들어 '나는 아침에 일어났다, 나는 버스를 탔다, 나는 학교에 갔다, 나는 학생이다, 나는 천재다.'는 '나는 ○○한다, 나는 ○○이다.'라는 문장에 단어를 추가한 것에 불과해. 긴 문장은 이 형태에서 단어를 더 꾸미는 거고. 마지막으로 Painting 작업을 하면서 퇴고에 들어가. 가감승제 하지. 글을 부드럽게 다듬는 작업이야. F8 맞춤법 검사와 중복된 단어를 첨삭하고 글을 부드럽게 다듬으면 완성도가 높아져. 윤문작가와 교정, 교열자는 여기에 능통하지."

"그분들이 출간한 책을 읽어 봤는데 의미를 살리는 데 치중하시더라고요. 만만한 작업이 하나도 없네요."

"원작을 아끼고 사랑하는 사람일수록 좋은 편집자라 할 수 있어. 퇴고

큐빅리딩

할 때도 마찬가지로 논리에서 벗어나면 횡설수설, 중언부언할 수밖에 없지. 글로벌 컨설팅기업 맥킨지 사에서는 MECE(Mutually Exclusive Collectively Exhaustive, 상호배제와 전체포괄) 개념을 실무에 적용해. 어떤 사항과 개념을 중복 없이, 누락 없는 부분 집합으로 전체를 파악하는 일이라고 정의하지. 진부한 자료, 오래된 자료, 그대로 옮겨온 자료, 많이 인용한 자료를 선별하는 데 도움이 될 거야. 목차는 물론 양질의 원고를 만드는 데도 마찬가지고. 키워드는 중복, 누락, 착오야. 잊지 마."

"근데 형님은 서론-본론-결론 아니면 기-승-전-결 구조 중 어떤 틀을 애용하시나요?"

"나는 서론-본론-결론 구조를 써. 차이점이 있다면 기-승-전-결은 IF를 고려했다는 거야. 어차피 글쓰기 구조도 설득하기 위한 장치란 말이지. 딱히 시비 가릴 일은 아니야. 뭘 쓰든지 무관해."

"그럼 왜 다 이 틀에 목매죠?

"내 생각인데 익숙하니까 그런 거지. 처음에 그렇게 배웠고 대체로 많이 쓰니까 보편적인 방법이라는 거야. 수사법을 거들먹거리면서 논할 일도 아니야. '왜 이 구조를 써요?'라고 물으면 '논리적이니까.'라는 답변만 돌아와. 앞으로 계속 글을 쓴다면 너만의 구조를 만드는 것도 하나의 과제라 할 수 있지."

"전 아직 그 수준까지는 아닌 것 같아요. 그럼 일단 서론−본론−결론부터 배워야겠네요. 일정한 패턴 같은 게 있나요?"

"글 하나를 쪼개면 1W(Writing) − 5P(Paragraph) − 50S(Sentence) − 365R(Reading) & 365T(Think) 와 같은 구조가 나와. 역학적으로 거슬러 올라가 쪼개는 게 관건이지."

"무슨 말씀이신지 잘 모르겠습니다."

"다독, 다작, 다상량을 1W = 365R(Reading) & 365T(Think)로 표현한 거야. 설명하면 하나의 글(1W)은 5개의 문단(5P)로 되어 있어. 하나의 문단은 다시 10개 문장(10S)으로 구성돼 있지. 글 하나에 50개 문장이 들어 있다고 보면 돼. 간단하지? 그런데 대다수 사람은 막연히 글을 쓸 엄두조차 내질 못하지. 명확히 어느 정도 써야 한다는 기준이 없기 때문이야."

"5개 문단은 1개 글, 50개 문장도 1개 글이라는 거네요. 꼭 이 분량에 맞춰야 하는 건 아니겠죠?"

"내 방식은 참고 사항이야. 포인트는 정해놓고 쓰라는 거지. 무작정 쓰기보다 틀을 만들어놓으면 작업이 훨씬 수월하니까. 줄이는 건 어렵지 않다고 했지? 15개를 써도 필요 없는 말을 걸러내면 분량이 줄어들 거야. 아니, 반드시 글은 그렇게 줄여야만 하고."

"문단이 5개든, 10개든 상관없다는 말이네요."

"그렇지. 중요한 건 하나의 문단은 하나의 의미를 형성해야 한다는 점이야. 독자가 읽을 때 어떤 테마를 가지고 있는지 알 수 있어야 하지. 한 단어나 문장으로 압축할 수 있는 표현이면 돼. 1P(문단) = 1M(의미) = 1T(테마)지. M끼리는 서로 맞물려 있어야 하고."

"365일 읽고 생각해야 좋은 글이 나온다는 거네요. 새겨듣겠습니다."

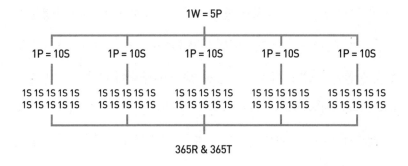

L기자는 흐뭇한 미소를 지으며 말을 이었다.

"우리나라에서 풀무질로 칼 만드는 대장장이가 있었어. 수요가 있다는 가정 하에 1년 동안 저금하는 액수가 얼마일까?"

"한 달 100만원 저금하면 1년에 1,200만원 하지 않을까요?"

"아냐. 1년에 1억 저금하고 조그마한 빌딩도 가지고 있어. 초등학교밖에 나오지 못했는데도 장인으로 인정받아 대학교수로도 활동하지."

"1년에 1억이라. 그런 분들 이야기를 들으면 외길 인생도 나쁘지 않은 것 같아요."

"대부분 결과만 보고 쉽게 이야기들 하지. 겉멋을 좇거나 날로 먹으려는 사람이라면 쉽게 중도포기 할 일이야. 당사자가 아닌 이상 과정은 생각해보려 하지 않아. 한 가지 일에 한평생을 바쳤어. 시간과 정신을 모두 한곳에 쏟아 부었지. 이런 분들은 당연히 보상받아야 마땅해. 이 대장장이에게는 재밌는 사연도 있어. 그는 한 청년이 칼 가는 솜씨에 반해 기술을 배우려고 하자 조건을 달았어. 부모 동의가 필요하다는 거야. 아들이 검사가 되기를 바라던 집안에서는 난리가 났지. 아버지는 대기업 간부였

큐빅리딩

는데 그를 찾아가 왜 아들을 꼬시냐고 따지고 들었어."

"대장장이는 아쉬울 게 없을 것 같은데. 오히려 기분 나빴겠어요."

"그래서 그가 말했지. '당신은 일류대학 나와서 대기업 간부로 있는데 나처럼 빌딩이 있어, 1년에 1억 원씩 예금을 해, 그렇다고 퇴직 후엔 뭘 할 건데?' 아버지는 아무 대꾸하지 못했다고 해." 6)

"재밌네요. 퇴직을 피할 수 없는 아버지와 평생 퇴직 없는 대장장이의 희비가 교차했겠어요."

"그렇지. 너도 1인 기업가니까 무슨 말인지 알아들었을 거야."

쓰기 (Writing)

언어	글	읽기 (Reading)	기호	입력	읽기 (Reading)
		쓰기 (Writing)			듣기 (Listening)
	말	듣기 (Listening)		출력	쓰기 (Writing)
		말하기 (Speaking)			말하기 (Speaking)

읽기와 쓰기는 동떨어질 수 없는 관계다. 언어와 기호 구분에서도 글과 입출력 관계가 들어맞기 때문에 가장 효율이 좋다. 쓰기는 생각을 정리한 표현이다. 필터를 거치지 않아도 상관없는 말하기와는 다소 차이가 있다. 사람마다 의미를 함축하는 언어 구사 능력이 다르다. 바꿔 표현할 수 있는 단어가 많을수록 진부하지 않은 글을 쓸 수 있다. 쓰기를 거친 말하기는 생각을 전달할 수 있는 최고의 프로세스(읽기-쓰기-말하기)다.

큐빅리딩 쓰기의 핵심가치는 '알고리즘'에 있다. 알고리즘은 지식 콘텐츠에서 자동차 엔진 역할을 한다. 화학으로 치면 완전연소다. 원칙은

1)알고리즘에서 벗어나는 글을 쓰지 않는다. 그리고 2)알고리즘만 말해야 한다. 지금부터 '큐빅라이팅'을 해보자. 만다라트와 육하원칙(5W1H), 2W1H(Why What How), MECE(중복, 누락, 착오) 도구를 통해 논리적인 글을 쓸 수 있다. 피라미드로 구성하면 로직을 한눈에 파악할 수 있다. 순서는 다음과 같다.

1. 가운데 목표에 주제를 함축할 수 있는 단어를 적는다.
2. 단어를 보고 주제와 연관 있는(파생하는) 단어를 나머지 칸에 적는다.
3. 단어를 책 제목이나 목차를 표현할 수 있는 문장으로 만든다.
4. 만다라트 위에 2W1H 피라미드를 세운다.
5. 피라미드 각층(How, What, Why) 바닥에 만다라트를 배치한다.
6. MECE를 통해 첨삭한다. 공통분모 중복(동일한 내용)은 How-What-Why 순으로 올린다. 누락(빠트린 내용)은 자료를 첨부하고 착오(무관한 내용)는 삭제한다. Why의 공통분모를 제목 본질에 가깝게 만든다.
7. 원고 본문 작성은 다시 2W1H를 사용하여 서론-본론-결론(기-승-전-결)을 작성한다. 꼭지별 주제가 왜(문제 제기) 필요한지, 무슨(문제 인식) 의미를 다룰 것인지, 그래서 어떻게(문제 해결) 해야 하거나 할 수 있는 지를 정하고 쓸 수 있다. 마찬가지로 MECE로 첨삭한다.

단계별 얼개를 각 부, 장과 연계하여 피라미드로 구성하면 논리적인 원고를 생산할 수 있다. 개인적으로 칼럼 방식을 선호하지만 꼭 이렇게 할 필요는 없다. 쓰고자 하는 분야에 따라 만다라트를 늘리거나 줄일 수 있다. 보통 육하원칙과 만다라트만 있어도 모든 글을 작성할 수 있다. 참고로 두 방법은 의외로 역사가 깊다.

육하원칙은 고대 그리스 수사학자 헤르마고라스를 시작으로 보고 있다. 그는 '누가, 무엇을, 언제, 어디서, 왜, 어떤 방식으로, 무슨 수단으로'의 7가지 논리적 수사 방법으로 시작했다고 한다. 오늘날 우리가 사용하는 육하원칙은 노벨 문학상 작가인 조지프 키플링이 쓴 동화『코끼리 아이』에서 유래했다. 대부분 어렸을 때 당연하게 암기하며 지금까지 사용하는 방식이다. 유래가 기원전부터 이어오는 데 심의를 기울이지 않았지만 말이다. 지금은 대체로 기사나 보도문, 역사를 간결하게 쓸 때 사용한다.

만다라트는 일본 디자이너가 만들었다고 알려져 있다. 하지만 내가 보기엔 스위스 수학자이자 물리학자인 레온하르트 오일러가 원조다. 오일러는 17년을 시각장애인으로 보내면서 계산은 암산으로, 논문발표는 구술로 해결했다. 그는 '연결된 방식'에 집중했다. 일본 지능형 퍼즐게임 스도쿠도 오일러의 마술사각형에 착안해 나왔다. 그가 만든 가장 유명한 수학기호는 자연로그 상수 'e'다. 1736년 발행된 오일러의『역학』에서 처음 썼다. 그밖에 Σ, $f(x)$, sin, cos, tan, 삼각형 내외접원 반지름 R, r 모두 오일러가 창안했다.

　이를 토대로 '큐빅라이팅'을 할 수 있다. 각 문단의 의미(M)를 연결하여 새로운 의미(M')를 만들어서 자기만의 알고리즘을 생산할 수 있다. '큐빅 리딩'도 이렇게 만들었다.

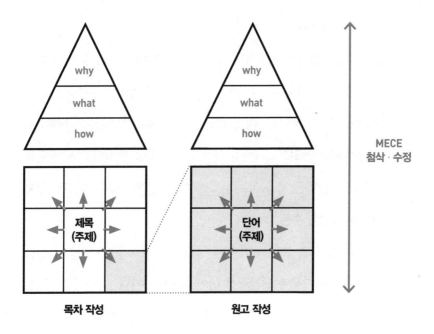

북적북적

가리지 말고 읽어라

쓰기는 세상과 자신을 연결하는 데 중요한 지평의 척도다. 다양하게 읽을수록 쓸 수 있는 범위는 넓어진다. 어떤 분야에 얼마나 정통해 있는지는 써보면 즉시 알 수 있다. 대개 자신 있는 것에는 막힘없기 마련이다. 그러나 이마저도 한계를 드러내기 일쑤다. 가능성을 뛰어넘고 시야를 확장하기 위해 사람들은 책을 읽는다. 그렇다고 하루에도 수 천 권씩 쏟아지는 책을 따라잡을 수는 없다.

다방면으로 읽으면 삶과 무엇 하나 동떨어진 주제가 아니라는 사실을 알 수 있다. 모두 지구 어딘가에서 일어나는 이야기다. 경제경영, 인문, 역사, 심리, 과학, 철학, 자기계발서, 교육, 건강 서적까지 남 이야기가 아니다. 소설도 마찬가지다. 허구라고 느껴지는 가상 세계를 현실에서 심심치 않게 따라가는 경우를 자주 접할 수 있다. 잊지 말아야 할 사실은 작가도 일어났거나 있을 법한 일을 모티브로 재구성한다. 가보지도 않고 겪지도 않은 일을 글로 풀어나간다. 그렇다고 이들처럼 되지 말란 법은 없지 않은가. 소설가처럼 영역 없는 글쓰기를 시도해보자.

분야에 한계를 두지 마라

한승원 작가는 글을 잘 쓰기 위해 부드러운 글뿐 아니라 딱딱한 동서양의 고전들이나 철학서, 자연과학, 사회과학, 인문과학, 이론 서적들도 읽어야 한다고 말한다. 5,000권의 책을 읽고 만 장의 글을 쓰라 한다. 쓰는게 막히는 까닭은 생각이 가볍고 책 읽기가 부족하기 때문이라고 했다. 자신의 글이 완벽하다고 느끼는 사람은 없다. 불특정 다수인 독자를 고려해야 하기 때문이다. 독서와 글쓰기에 끝이 없는 이유다.

사람은 가슴 속 우주를 품고 있다. 이 공간을 책으로 채우는 사람은 세상과 인간을 이해하는 통찰이 남다르다. 추사 김정희는 "가슴 속에 만 권의 책이 들어 있어야 그것이 넘쳐서 그림과 글씨가 된다."라고 했다. 머릿속에 책이 쌓여 있다면 글에 막힘이 없다. 머릿속 책을 글로 소진하면 다시 새로운 책으로 채워야 한다. 결론적으로 줄이고 정리하는 건 머리보다 손에 달려 있다. 읽기를 완성하는 건 쓰기다.

주변을 관찰하라

평소 다방면에 관심을 가져야 한다. 다독을 책에만 국한시킨다면 오해의 여지가 있다. 사연 없는 무덤은 없다고 했던가. 세상에서 일어나는 모든 일이 글쓰기 소재다. 신문, 잡지, 속담, 사자성어, 길거리 표지판까지 모두 눈으로 읽을 수 있다. 진부한 글을 뒤집는 것만으로도 아이템은 만들어진다. 대개 기업 광고는 수십 장의 글을 줄이고 요약해서 만들어진 하나의 걸작이다. 길고 짧은 건 줄여봐야 안다. 책이 만사는 아니다.

지혜를 추구하라

지식이 알려주지 않는 가치를 깨달아야 한다. 경찰관의 희생과 소방관의 헌신, 변호사와 의사의 사명과 농부의 철학, 과학자의 고뇌를 직접 경험해보지 않고는 모르는 일이다. 지식을 넘어 지혜를 탐독해야 한다. 진정성이 없다면 가짜 얘기를 쓸 수밖에 없다. 아는 것만 늘어놓으면 현실감이 떨어지고 진심을 느낄 수 없다. 잘 모르거나 애매한 지식은 상대에게 불편함을 선사한다. 독자는 이러한 사실을 놓치지 않는다. 저자의 글을 통해 경험을 대조하고 공감한다.

편독을 피하라

제자리걸음을 피해야 한다. 편협한 독서는 쓰기에 제한을 가한다. 편하고 좋아하는 것만 읽고 있는 건 아닌지 깊이 고민해볼 필요가 있다. 자기계발서를 수십 권 읽어도 왜 변화가 없는지, 소설에 심취해 꿈속에 살고 있는 건 아닌지 스스로 판단해야 한다. 이러한 독서를 탈피할 때 영역 없는 쓰기를 할 수 있다. 언제까지 좋아하는 책만 읽을 것인가. 싫어하는 책도 책이고 그 존재에는 이유가 있다.

나는 작가라고 다짐하라

다시 말하면 새로운 분야에도 도전할 수 있는 강인한 용기다. 현상과 그림을 글로 표현하는 연습을 해보자. 전문 작가처럼 생계를 위해 쓸 수밖에 없는 상황을 만들어보자. 자연스럽게 다방면의 책을 섭렵하고 거치는 모든 것에 관심을 가지게 될 것이다. 이 소재들을 자연스럽게 연결시킬 때 스펙트럼을 확장하고 평면에서 입체로 내다볼 수 있다. 일어나지 않은 일이나 상상 속의 인물을 글로 표현할 수 있을 때, 글은 한계가 없다는 것을 깨닫게 된다.

나비효과는 브라질에 있는 나비의 날갯짓이 미국을 강타하는 허리케인을 만들어낸다는 이론이다. 하버드 도서관에서 공부하는 학생들의 열기가 지구 온난화의 주범이라고 한다. 특히 사람의 만남은 억겁의 인연이다. 이러한 이론들 모두 직접 느끼지 못할 정도로 미미한 원인이지만, 나중에 엄청난 결과로 다가올 수 있다는 것을 의미한다. 실상 우연도 필연처럼 다가올 때가 많다. 미래는 어떻게 될지 아무도 모르기에 순간의 삶에 최선을 다하는 자세로 임해야 한다.

스피노자는 "깊게 파기 위해 넓게 파기 시작했다."고 말했다. 지구 반대편에서 일어나는 일이 삶에 영향을 주는 세상이지 않은가. 마이웨이를 쓰기 위해 가리지 말고 읽어라. 당신의 글이 세상을 뒤엎을지도 모른다.

베끼고 짜깁고 각색하라

기억은 한계를 드러내고 망각하거나 왜곡한다. 이를 피하기 위해 사람들은 다양한 방법으로 흔적을 남긴다. 구두로 한 약속을 믿지 못해 계약서를 작성하지만, 범죄자에게는 의도치 않게 현장증거로 남는다. 사람들은 원하든 그렇지 않든, 살아가면서 혹은 죽어서도 자취를 남긴다. 특히 기록은 과거와 현재의 나를 비교하는 중요한 자산이 되기도 한다. 목표를 향해 변화하는 객관적인 척도로 사용한다.

오래전부터 창의적인 아이디어를 만들기 위해 검증된 방식은 메모였다. 정약용은 둔한 붓이 총명함을 이긴다고 했다. 그는 현대사회의 창의융합형 인재라 불러도 손색이 없을 정도로 인문, 사회, 과학을 넘나들며 수많은 저서를 남겼다. 과학자들도 뇌의 보조 장치로 손을 꼽는다. 직접 손으로 기록하는 효과는 앱보다 뛰어나다. 지금은 전자기기를 통해 쉽게 메모를 남긴다. 모두 날아가는 아이디어를 묶어두기 위함이다.

독서의 최종 목표는 삶에 의미를 재구성하는 과정이다. 세상의 흐름과 자신의 위치를 연결해야 한다. 그러기 위해선 전체를 볼 수 있는 시야가 중요하다. 세상을 아는 것은 읽기에서 시작한다. 이때 자신에게 필요한 정보를 골라 읽을 수 있는 안목이 필요하다. 잘하고 좋아하는 분야가 무엇인지 분명하게 알 필요가 있다. 지금은 정답보다는 창의적인 유연한 머리가 필요한 시대다. 따라서 아이디어를 생산하기 위한 4단계 메모 활용법을 소개하고자 한다.

1단계 신속하게 발췌하라

제목과 목차만 뒤적이고 찾아가서 필요한 부분만 가려 읽어내야 한다. 메모를 아이디어에 활용하는 데 정독은 시간낭비다. 신문과 잡지를 두루 섭렵하여 필요한 부분을 뽑아내야 한다. 이때 읽으면서 생각한 것을 가리지 말고 적어보자. 가능한 자신이 원하는 것 중 잘 알지 못하는 것을 적는다. 알더라도 애매한 것은 반드시 적는다. 이 애매하고 모르는 것 사이의 변화를 파악하고 흐름을 적는 것이 메모의 핵심이다. 자신의 머리를 너무 믿지 말라. 기록이 기억을 이긴다.

독서광이라면 아인슈타인과 에디슨을 빼놓을 수 없다. 이들이 연구한 상대성 이론과 전구를 거슬러 올라가면 최초 메모했던 시점으로 돌아간다. 처음부터 메모는 하나의 생각과 수집에 불과했다. 이 기록은 수많은 시행착오를 겪고 탄생했음이 틀림없다. 암기는 휘발성이 강하기 때문에 무엇을 적어놨는지, 왜 적어놨는지 모르는 경우도 많았을 것이다. 지금은 누구나 시간과 공간이 상대적이라는 사실을 알고 있다. 캄캄한 밤에도 언제든 돌아다닐 수 있다. 이들 모두가 산더미처럼 쌓인 메모를 정리해두었기 때문에 가능한 일이다.

2단계 베끼고 모방하라

흔적을 키워드로 요약하고 다방면으로 연결시켜야 한다. 그대로 필사해도 좋고 입맛에 맞게 바꿔 써도 좋다. 공통분모가 있다면 반드시 연결고리가 생긴다. 창의는 기록에서 만들어진다. 어차피 누군가의 생각이었고 발명품이었다. 베끼고 모방하는 것이 부끄러운 일은 아니다. 수많은 모방에도 천재라는 수식어가 붙은 피카소와 모차르트가 그랬고 정약용이 그랬다. 애플, 구글, 페이스북이 그랬고 삼성이 그랬다.

모방은 창조의 어머니라 했던가. 아리스토텔레스는 『시학』에서 모방은 "인간들을 실제 생활에서보다 더 낫거나 못하게 재현하거나 있는 그대로 재현해야 한다."라고 했다. 세상 돌아가는 이치는 쓰기와 유사하다 못해 일치한다. 그도 당연한 것이 세상을 바꾼 사람들은 생각을 쓰고 정리해서 그대로 구현했기 때문이다.

3단계 짜깁고 각색하라

이때부터 창의적인 아이디어가 나온다. 정리한 자료를 가지고 다방면으로 연결시켜야 한다. 자료 배치를 다르게 해보고 다각도로 살펴보자. 연관성이 있는 것, 없더라도 엮을 수 있는 것을 사방으로 관통하여 통합할 수 있는 공통의 키워드를 만들어야 한다. 그때 자신만의 창의적인 아이디어가 완성된다.

무에서 유를 창조하는 시대는 지났다. 유에서 유를 뒤섞은 색다른 유를 발견할 뿐이다. 클라우스 슈밥은 "세계에서 가장 큰 택시 기업인 우버는 소유하고 있는 자동차가 없고, 세계에서 가장 많이 활용되는 미디어인 페이스북은 콘텐츠를 생산하지 않는다. 세계에서 가장 가치 있는 소매업체인 알리바바는 물품 목록이 없으며, 세계에서 가장 큰 숙박 제공업체인 에어비엔비는 소유한 부동산이 없다."라고 했다. 이 공룡 기업들은 기존 동종업계 회사 테두리에 더 큰 새로운 틀을 만들었다. 우리는 지금 이것을 플랫폼이라 부른다.

4단계 의미를 재구성하고 새로운 언어를 만들라

당신의 아이디어가 세상에 나오는 순간 당신이 최초 전문가다. 내 아이디어가 얼마나 실생활에 활용되고 있는지 직접 변화를 관찰해야 한다. 스마트폰이 나오기 전까지는 전화기, MP3, 카메라, 컴퓨터가 합쳐질 줄 아무도 몰랐다. 명칭도 기껏해야 핸드폰, 휴대폰이었다. 지금은 '스마트'가 '손'과 '휴대'를 통합했다. 영리하게도 통화와 음악, 사진과 전산 작업을 한 기기에서 할 수 있다.

카이스트 김대식 교수는 읽기, 쓰기, 뇌의 상관관계를 뇌 과학적으로 설명했다. "뇌 과학적으로 봤을 때 저장이 가장 잘되는 방법은, 동일한 정보가 다양한 방식으로 처리되는 것이다. 본 것을 만져도 보고 생각도 해보고, 써보고, 다시 읽어보고 하면 그만큼 저장이 잘된다. 밖에서 보는 행동의 차원에서는 똑같은 정보지만 뇌 안에서는 눈으로 본 정보와 글로 쓴 정보가 다르게 처리된다. 정보 저장이 입체적으로 된다는 얘기다.

따라서 책을 읽을 때는 가능하면 펜을 들고 여백에 메모를 하는 게 좋다. 특히 논픽션일 경우 그렇다. 소설은 내용보다 느낌이니까 그냥 읽으면 되지만, 정치 역사 과학책은 읽고 생각해야 한다. 책에 담긴 것은 남의 생각이고, 읽기만 하면 그 생각에 세뇌당하는 꼴이지만, 내가 생각하고 주석을 달면 그 지식은 내 것이 된다. 내가 다시 한 번 소화하고 처리하는 과정에서 가장 좋은 방법은 글을 쓰는 것이라고 알려져 있다."라고 했다.

창의는 끄적일 때 나온다. 정보 처리가 아닌 정보 편집으로 필요한 것만 훑어내고 반드시 흔적을 남겨라. 과학도 메모를 피할 수 없다. 메모가 미래다.

역사의 한 페이지를 장식하라

사람은 하나의 역사다. 죽기 직전까지 이 흐름이 끊어질 일은 없다. 영원히 살고자 했던 진시황마저 죽었다. 생명연장을 이루려했던 연금술사들은 지금 남아 있지 않다. 현대의학과 기술발전으로 평균수명은 나날이 늘어가고 있다. 하지만 이 또한 죽음을 비켜갈 수는 없다. 의도치 않은 사고나 질병으로 갑작스러운 운명을 맞이할 수도 있다. 당장에라도 다가올 죽음을 겸허히 받아들인다면 지금을 잘 살아갈 수 있다.

역사를 137억 년 전으로 보는 사람은 우주를 논한다. 7만여 년 전으로 따지는 사람은 인류를 논한다. 시간이 2,000년 전후면 예수가 기준이다. 국제 표준시는 영국이 세상의 시간기준을 선점한 그리니치 천문대가 기준이다. 과학서적을 읽으면 지구보다 머나면 우주를 탐험할 수 있다. 고전이나 철학, 종교서적을 읽으면 소크라테스와 공자, 예수와 부처를 모두 만날 수 있다. 우리는 지난날을 보여주는 책을 통해 사상과 이념, 탐구 정신을 배울 수 있다. 자연과 더불어 살아온 그들의 정신은 우리가 살아가는 데 다양한 길을 안내한다.

지금부터 100년 전까지 거슬러 올라가 보자. 부모와 조부모는 지금까지의 자기 삶에 실질적으로 영향을 미쳤다. 부모의 존재가 지금의 자신을 만든 건 기정사실이다. 자신이 태어난 이후로는 어디서부터 기억나는가? 실재와 허구를 판단하지 못하면 현실을 직시하기 힘들다. 어렸던 나는 생존하기 위해 수만 번 기어 다니고 넘어졌다. 성장하면서 기억을 망각하거나 왜곡했다. 왜곡된 과거는 타인에게까지 영향을 미쳤다. 틀어진 기억은 변질되거나 공백을 만들었다. 이 왜곡의 역사부터 지금까지의 공백을 메우는 것이 자기 역사의 한 페이지를 장식하는 일이다. 잃어버린 나를 찾기 위해 시간의 문을 통과해보자. 멀리 갈 필요는 없다. 자신이 실재한 기점이면 충분하다.

역사의 한 페이지를 장식하라 – 첫 번째 관문, 과거 흔적을 찾아라

터닝 포인트를 찾아야 한다. 인생 방향을 바꿀 만한 결정적인 계기여야 한다. 인격을 형성한 기점이기 때문이다. 후회할 만한 선택을 한 경우, 누군가와 사별 또는 이별한 경우, 입사하거나 퇴사하였을 경우, 자신이나 누군가에게 해를 입힌 경우가 있다. 가장 확실한 단서는 당시 생각을 남겨놓은 일기장, SNS 같은 글이다. 소중한 물건이거나 한 편의 조각일 수도 있다. 이러한 사건과 경험은 사소한 것부터 시작해서 중요한 것까지 지금의 자신을 만들었다. 발견한 글은 자기만의 최초 고전이자 역사서임에 틀림없다.

인문과 기술의 융합을 강조했던 잡스마저도 소크라테스와 점심을 먹을 수 있다면 자신이 가진 모든 기술을 건넨다고 했다. 그는 이미 알고 있었다. 과거를 거슬러 올라갈수록 미래를 잘 알 수 있다는 사실을 말이다. 인문 고전이 중요한 이유다. 어찌됐든 오래전부터 수많은 경쟁을 뚫고 살아남은 책이기 때문이다.

역사의 한 페이지를 장식하라 – 두 번째 관문, 현재와 매치시켜라

기억의 공백을 기록으로 채워야 한다. 태어난 시점부터 지금까지를 총정리할 시간이다. 흐름이 끊겼거나 흩어져 있는 자취와 흔적을 글로 연결해야 한다. 어렴풋이 기억나는 사건과 행동을 적어야 한다. 당시 막연했던 기억을 글로 쓰면 깨진 조각을 매끄럽게 이을 수 있다. 글은 생각을 만들고 생각은 꼬리에 꼬리를 문다. 쓰다보면 기억나지 않았던 심연의 끝에 도달한다. 그곳에 진짜 내가 숨어 있다. 이것이 지금까지 본인이 살아온 역사다. 이변이 없는 한 100세가 앞으로 살아갈 역사다.

윈스턴 처칠은 위대한 정치가이자 저술가로 평가된다. 그는 독서를 즐기며 다양한 분야를 두루 섭렵했다. 특히나 역사를 중시했다. 그의 자서전과 회고록은 미래에 대한 선구안을 어김없이 보여준다. 엘빈 토플러와 피터 드러커도 고대의 지혜를 얻기 위해 기원전으로 거슬러 올라갔다. 성현의 말과 행동, 그들이 읽었던 책까지 파고들어 미래를 저술하기에 이른다. 모두 과거를 탐독했기 때문에 미래도 내다볼 수 있었다.

역사의 한 페이지를 장식하라 – 세 번째 관문, 미래 결과를 써라

새로운 역사의 한 페이지를 장식해보자. 과거를 정리했다면 미래로 갈 차례다. 삶에 이정표를 남겨야 한다. 회고록이나 자서전의 시작은 일기다. 일기는 저녁에 적으면 하루를 돌이켜보는 반성문이지만 아침에 적으면 그날 하루의 계획표다. 가능한 미래 지향적인 목표를 적도록 하자. 일기 대신 독서 감상문을 적어도 좋다. 인문 고전을 탐독하면 자기 역사를 통찰할 수 있는 안목이 길러진다. 역사를 만드는 건 자신에게 달려 있다.

유발 하라리는 『호모데우스』에서 "역사 공부의 목표는 과거라는 손아귀에서 벗어나는 것"이라고 했다. 기억이 안 날수록 어린 시절을 잘 보냈다는 말이 있다. 안 좋은 추억은 추억이 아닌 기억인지도 모른다. 그렇다고 앞만 보고 달리라는 말은 터무니없다. 뒤를 돌아볼 때, 좌우를 거치며 옳은 방향인지 확인할 수 있다. 불확실한 예언가가 될 것인가, 확실한 성공자가 될 것인가. 핵심은 자신의 역사를 인지하는 데 달려 있다. 학교에서도 미래를 가르치진 않는다. 지금까지 과거를 썼다면 이제 미래를 써라.

지속적으로 인문 고전을 가까이하고 하루하루를 채워봄이 어떨까. 베스트셀러보다 꾸준히 읽히는 스테디셀러가 좋은 책이다. 스테디셀러도 살아남아야 고전이라 불린다. 언제까지 구석에서 죽어가는 글로 만족할 것인가. 일기 한두 번은 사라지는 기억으로 남는다. 반짝 흉내 내기보다 책 한 권 낼 정도의 성실함이 필요하다. 왜곡된 과거를 바로잡아야 한다. 현재를 다스리고 미래를 내다봐야 한다. 오직 나만을 위한 역사라면 투자할만한 가치가 있다.

　기록으로 살지, 사실로 살지는 자신에게 달려 있다. 끊어진 역사는 존재하지 않는다. 잊힐 뿐이다. 시간의 문을 관통하여 올바른 역사를 서술하라. 후대가 참고하는 선례가 될 수 있다.

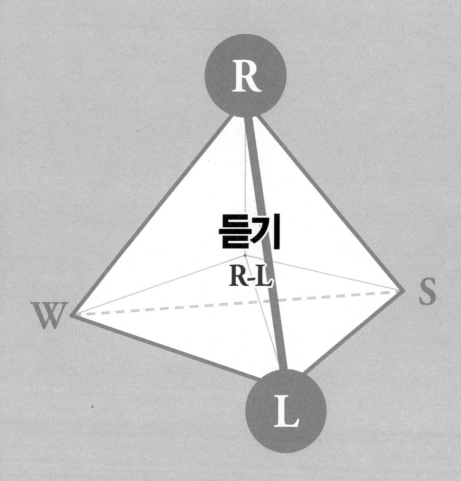

3장

01

아무것도 안 하면 변하지 않는다

"여러분은 할 수 있습니다!"

지한은 S강사의 특강시청을 끝마쳤다. 곧바로 스마트폰으로 그녀의 출간 서적을 검색했다. 5년 전부터 최근까지 나온 다수의 서적을 스크린 샷으로 저장했다. 그리고 그녀가 운영하는 아카데미를 샅샅이 살펴봤다. 그녀는 '소통의 대가'로 강사 시장에서는 자타가 공인하는 베테랑이었다.

지한은 강사시장을 내다보고 있었다. 새로운 무기로 틈새시장을 개척할 계획을 세우고 있었다. 무명강사에서 스타강사가 되기까지의 진입장벽은 저서였다. 저자는 부수적인 수익을 낼 수 있었다. 강연을 다니며 칼럼을 쓰고 교재를 만들어 학원을 차릴 수도 있었다. 가장 큰 문제는 돈이었다. 읽기 · 쓰기는 절약이 가능한 반면 듣기 · 말하기는 그러지 못했다.

배우려면 수업료는 피할 수 없는 부분이었다. 전문성을 키우려면 전문가에게 배우는 게 낫다고 판단했다. 언제까지고 독서 모임에서 수다만 떨 수 없는 노릇이지 않은가. 목돈이 들어가는 일이라 신중해질 수밖에 없었다. 지한은 결제 버튼을 누르지 못하고 있었다.

'이걸 해, 말아.'

스티브 잡스도 무덤가서 최고 부자가 되기를 원하지는 않는다고 했던가. 지한은 '우물쭈물하다가 내 이럴 줄 알았다' 묘비명이 자기비석이 될 것만 같았다. 이미 겉은 꼬들꼬들해 보여도 속은 퍼진 상태로 버텨왔다. 물 조절이 긴가민가한 압력밥솥 운명이었다. 카네기 앞에 선 나폴레온 힐의 입장이었다.

'우유부단이야말로 성공을 가로막는 최대의 적이며, 성공한 사람들은 신속한 결단력의 소유자다.'

지한은 힐과 접신하고 과감하게 마우스를 클릭했다. 곧 질문을 정리하고 아카데미에 전화했다. 이틀 치 하루 8시간 과외 과정이 어떻게 진행되는지, 무슨 지도를 받는지 자세히 물어봤다. S강사는 소통의 맥을 짚어주고 그 맥에서 써먹을 수 있는 처방전을 주기로 했다. '소통의 본질'을 가르치기로 했다.

　다음 날 아침 강남에 있는 A아카데미 문을 두드렸다. 건물 안은 학원이라기보다 회사처럼 세련돼 있었다. 주말이라 그런지 수강생은 없고 분위기는 한적했다. 지한은 S강사에게 그간 사정을 이야기했다. 덧붙여 큐빅리딩 개념과 책을 집필하고자 하는 의지를 드러냈다. S강사는 첫 말문을 힘찬 목소리로 열었다.

　"지한 씨! 소통력을 배우려는 자세에 격려 박수를 보냅니다. 젊은 친구가 관심을 갖고 파고들려는 마음이 기특하기도 하네요. 예전 제 모습을 생각하게 만들어요."

　S강사는 목소리와 제스처에 힘이 실려 있었다. 패기가 느껴졌다. 방송에서 심심치 않게 그녀를 만나왔지만 실제로는 더욱 강렬했다.

　"아닙니다. 오히려 토요일 시간 내주셔서 감사합니다. 내심 떨리네요. 한 수 배우겠습니다."

　"본론에 앞서 버진 그룹 괴짜 경영자 리처드 브랜슨 회장 이야기를 해볼게요. 그는 말하는 것보다 더 들으라는 말을 부친에게 들었다고 해요.

항상 펜과 공책, 노트북을 갖고 다니며 듣는 데 많은 시간을 썼다고 합니다. 그가 아는 성공적인 사업가들의 공통점은 경청 기술이었습니다. 주변 사람들에게 듣는 것만으로도 배울 수 있습니다. 지한 씨가 듣지 않는다면 놓치고 있는 거예요."

02

소통이 아니라
화통하라

"저는 소통의 90%는 듣기라고 생각합니다. 말하기라고 오해하는 분들이 많죠. 그래서 강의를 할 때 전하는 키워드가 있습니다. 바로 '화통력'입니다.

"화통이 뭔가요?"

"보통 '듣기'와 '말하기'를 소통이라고 합니다. 화통이란 개념은 듣기와 말하기를 뛰어넘어 '이해'와 '공감'을 이끌어 내는 능력을 말합니다. 듣기·말하기가 '현상'이라면 이해와 공감이 '본질'인 셈입니다. 제가 이 분야에서 정상에 설 수 있었던 데는 나름 이유가 있습니다. 대중 앞에서 강의할 때 원칙을 하나 세웠거든요."

"신념 같은 거네요. 제 경우 본질까지 생각하면서 듣기 · 말하기를 고민해보지는 않았던 것 같습니다."

"'어떻게 하면 말을 잘할 수 있을까?' 그리고 '어떻게 하면 잘 들을 수 있을까?'가 아니라 '어떻게 하면 상대를 잘 이해할까?'와 '어떻게 하면 상대를 잘 공감할까?'에 초점을 두었습니다. 이 전략이 대중에게 먹혔다고 봅니다. 다르게 표현하면 일방적인 제 이야기를 하지 않고 상대 입장에서 이야기한 겁니다. 이 패러다임의 전환이 저를 만들었다고 생각해요."

"역지사지네요. 이해는 말하기 기술이고 공감은 듣기 기술이라는 건데. 딱히 듣는 기술이라고 하면 인내심 말고는 없을 것 같았습니다."

"지한 씨는 상대 이야기에서 맥을 잘 찾아내시네요. 아주 좋은 자세입니다. 저는 이런 생각을 했어요. 처음 사람과 사람이 만나면 직선이 직선을 만나는 것 같다고 봅니다. 그런데 직선과 직선은 교차하지 않으면 평행선을 긋게 돼요. 관심이 없으면 지나치게 되죠. 서로가 아무리 원해도 못 만난다는 겁니다. 반대로 원을 보겠습니다. 두 원을 교차하면 접점이 생깁니다. 원이 가까워지고 접점이 멀어질수록 공유하는 교집합은 넓어집니다. 저는 이 교집합을 '공감대'라고 합니다. 소통이란 공감대를 넓히는 일입니다. 따라서 사람이 만나 공감대를 키우려면 직선을 구부려 둥근

큐빅리딩

원으로 만들어야 합니다."

"한쪽만 노력한다고 되는 일이 아니네요."

"그렇습니다. 간혹 하나의 원은 다른 원과 일치하는 순간이 발생합니다. 저는 이것을 가장 이상적인 이해와 공감이라고 합니다. 그래서 이 문구를 제 명함에 담았어요. Listening First, Speaking Second!"

S강사는 지한에게 명함을 내밀며 말을 이었다.

"그렇다면 왜 이런 이야기를 하는 것일까요? 한 여론 조사에 따르면 직장인이 입사 후 가장 필요한 능력으로 커뮤니케이션 스킬을 꼽았습니다. 요즘은 누구나 소통을 강조합니다. 소통은 관계를 돈독하게 하고 좋은 성과를 내죠. 그렇지 않으면 오해가 싹트고 불신의 골이 깊어져요. 따라서 개인과 조직의 생사를 가르는 소통은 기본입니다. 나아가 소통을 넘어 이해와 공감을 이끌어내는 화통이 으뜸이라는 겁니다!"

잠시 정적이 흘렀다. 지한은 멍하니 S강사를 바라봤다. 그녀의 말은 청산유수였다. 강사 잔뼈가 굵은지 막힘이 없었다. 듣기를 강조하면서 말을 많이 하니 사기꾼 같아 보이기도 했다. 물에 잠겨도 입은 뜨고 불에 타도 남아 있을 것 같았다. 하지만 다시 마음을 가다듬었다. 여기에 투자한 돈이 적지 않았다. 이럴 땐 리액션이다.

"아, 그렇군요!"

"좋습니다. 아주 적극적이시네요. 오늘날 국내 기업은 5세대가 공존하면서 가치관과 경험의 차이에 따른 크고 작은 갈등 때문에 몸살을 앓고 있습니다. 1세대는 1950년대 산업화시기에 직장생활을 경험한 주역입니다. 2세대는 1960년 중반까지 출생한 '베이비부머'로, 회사의 중추 역할을 맡고 있는 부장과 임원급이지만 지금은 일선에서 물러나고 있죠. 3세대는 1960년대 후반에서 1970년에 태어나 경제적 풍요를 누리며 성장한 'X세대' 직장인입니다. 4세대는 1980년과 1990년에 태어나 '밀레니엄 세대'라고 불리며, 글로벌 네트워크가 강하고 칭찬받는 문화에 익숙하며 자신을 중시하는 '자아도취증후군' 특징을 갖고 있는 과장이나 대리급 세대입니다. 지한 씨처럼 아날로그와 디지털이 혼재된 세상에서 태어나고 자라왔죠."[7]

"통계로 사람 몰아가는 경향이 적지 않은데 모두 맞는 건 아닌 것 같아요. 저는 원하지도 않는 자아도취 병을 달고 태어났네요. 베이비부머 세대는 부모님이나 지인을 통해서 잘 알고 있어요. 표현에 인색하고 감성적

큐빅리딩

이죠. 디지털에 취약하지만 아날로그에는 강하고요. 지금은 디지털시대
가 아날로그를 찾는 뉴트로 현상이 일어나는 것으로 알고 있습니다. 유행
은 돌고 돈다는 말 처럼요."

"현재는 'Z세대'라 불리는 5세대까지 왔어요. 디지털 환경에서 태어나
고 자랐기 때문에 오히려 이들에게는 아날로그가 신선하게 다가오고 있
습니다. 문화를 생산하고 소비하는 패턴도 디지털이 익숙하죠. 어쩌면 세
대 간 갈등은 아날로그와 디지털의 갈등이라고 말할 수도 있겠습니다. 급
격한 산업화가 만들어낸 작품이죠. 한 공간에서 서로 삶을 추구하는 가치
가 다르니 갈등이 안 생긴다면 이상한 거죠."

"저도 직장 다닐 때 상사와 갈등이 있었어요. 추진하고 싶은 프로젝트
가 있었는데 '어린 친구는 가만있어'로 치부해버리더라고요. 로봇처럼 시
키는 것만 해야 하는 상황이 탐탁지 않았죠. '시키는 대로해.'라는 마인드
가 부하직원들과의 거리를 두는 데 한몫 했던 것 같아요. 혹시 이런 갈등
을 줄일 수 있는 방안이 따로 있을까요?"

"일단 다름을 인정하는 게 가장 중요합니다. 그러려면 각기 다른 세대
의 성향을 아셔야 해요. 직장인 1세대와 2세대는 자신의 성공과 이익만을
추구하는 '지시형' 리더십에 익숙합니다. 반면 직장인 3세대와 4세대는 이

해타산과 합리적이지 않으면 거부하는 '실속형'이 많죠. 5세대는 독립적인 '개인화' 현상이 강합니다.

직장인 1, 2세대는 조직을 위해 야전 생활을 불사했습니다. 하지만 3, 4, 5세대에게는 희생을 담보로 역지사지를 강요하는 게 통하지 않는다는 겁니다. 시간이 지날수록 기술은 발달하고 정보가 넘쳐날 거예요. 각 세대의 간극과 고립현상은 더욱 커질 거구요. 따라서 갈등을 줄이고 조직의 경쟁력을 높일 필요가 있습니다. 그래서 서로의 성향을 이해하고 공감을 이끌어낼 수 있는 화통이 필요하다는 겁니다."

"듣기와 말하기 보다는 상대방의 배경을 이해해야 한다는 말씀으로 들리네요. 그래야 이해와 공감도 가능한 거고요."

"Exactly! 부모와 자식, 상사와 부하, 지인끼리도 마찬가지죠!"

'도대체 이 사람은 얼마나 많은 강의를 뛰어다니는 거야.'

지한은 S강사의 마력에 빠져들고 있었다. 그녀는 마성의 아우라를 뿜고 있었다. 목소리는 크고 빠르며 영어 강사 같기도 했다. 어떤 주제나 질문을 하더라도 거침없이 내뱉을 것 같았다.

큐빅리딩

"현상보다는 본질에 초점을 맞추라는 말씀으로 이해하겠습니다."

S강사는 지한을 유심히 바라보고 목소리 톤을 높였다. 그녀는 쉴 틈을 주지 않고 빈틈을 노렸다. 말 끝나기가 무섭게 속사포를 쏘아댔다.

"소통을 잘하기 위해서는 제대로 듣고 제대로 말하는 것이 중요하다는 겁니다. 다시 말씀드리지만 소통의 90%는 듣기입니다. 즉 소통은 말하기보다 듣기를 강조해야한다는 뜻이지요. 그러나 대부분 사람들은 소통하자고 말해놓고 자기가 말하고 싶어 안달이 납니다. 그 이유는 주도권을 뺏기면 지는 것이라는 잘못된 인식이 자리를 잡고 있기 때문이죠. 반대로 소통의 달인들은 소통은 지는 게 상책이라고 이구동성으로 말합니다."

"지는 게 이기는 거네요."

"맞아요. 말을 잘하려면 화술이 아니라 경청력을 키워야 합니다. 소통만으로는 한계가 있다는 거지요. 소통을 넘어 이해와 공감을 이끌어내는 역량이 중요합니다. 그래서 경청에서 나오는 화통이 답이라는 겁니다."

지한은 벌써부터 피곤이 몰려왔다. S강사를 만난 후 '통' 소리가 머릿속에서 떠나질 않았다. 몸이 튀는 것만 같았다. 열심히 듣고 있는 자신이 화통하고 있는가도 생각했다. 그녀는 이 모습마저 가만두지 않았다. 8시간 시간짜리 수업료가 아깝지 않느냐며 지한을 붙잡고 거세게 흔들었다. 결국 잠시 쉬는 시간을 갖기로 했다.

지한은 휴게실에서 커피를 마시며 잠을 달랬다. 머리를 맑게 하기 위해 스트레칭과 심호흡을 했다. 눈을 지그시 감고 여기까지 거쳐 온 날을 곰곰이 생각했다. 잘하고 있는 게 맞는지, 오늘 무엇을 얻어갈지, 앞으로 어떻게 헤쳐 나갈지 고민했다. 분명한 건 지금이 중요했다. 수업을 결정한 순간부터 그녀를 믿지 않는다는 건 자신에게 손해였다. 마음을 가다듬고 다시 강의실에 들어왔다. S강사는 강의 자료를 준비하고 있었다. 지한은 자료를 건네받고 자리에 앉아 그녀를 바라봤다. 그리고 의미심장한 미소를 지으며 들릴까 말까한 소리를 냈다.

"통통통통통."

"?, 다시 시작합시다!"

03

리더에게 필요한
듣기 전략

지한은 S강사가 준 보도 자료를 살펴봤다. '왜 21세기 화두가 소통인가' 는 절실한 소통의 필요성을 말하고 있었다. 포인트는 문제 해결에 있었 다. 그녀가 어떤 해결책을 제시할지 궁금했다.

"본격적인 이야기를 해볼까요? 왜 '화통'이 중요할까요? 왜 우리는 소통 능력을 키워야 할까요?"

"글쎄요. 불통인 세상이라 그렇겠죠?"

"저는 이런 생각을 합니다. '사람이 재산이다.' 단순한 이야기 같지만 '인생만사 다 사람이구나.'라는 겁니다. 모든 일은 결국 사람이 하고, 주 고, 받는다는 거죠. 그래서 '휴먼루션'이란 단어를 만들었습니다."

"휴먼루션이요?"

"Human과 Solution의 합성어로 '사람이 답'이라는 뜻을 함축하고 있습니다. 성공 인생을 부르는 인간관계 복원 프로젝트죠. 혹시 지한 씨는 얼마나 많은 사람을 알고 있나요?"

"스마트폰에는 대략 600명, 업무 빼고 실질적으로 연락하는 사람은 10명 안팎이겠네요."

"아마도 많은 사람들이 비슷한 상황일 겁니다. 비즈니스 차원에서 볼까요? 신세한탄 중에 이런 푸념이 있습니다. '에이, 나는 돈도 없고 빽도 없다.' 가진 재산도 시원찮은데 인맥조차 튼튼하지 않다는 뜻이죠. 그야말로 '엎친 데 덮친 격'으로 최악의 상황에 처한 사람들을 묘사하기엔 이 이상 딱 떨어지는 말도 없을 겁니다."

"결국 사람이 답이란 말은 인맥을 구축하라는 의미인가요? 인맥이 약하다는 건 사람들과 소통이 부족하다로 들리기도 하고요."

"꼭 그런 것은 아니지만 '돈 없다'는 말은 딱 잘라 '빽 없다'는 말로 충분하다는 겁니다. 왜냐하면 자본주의 사회에서는 돈 있는 사람 중에 빽 없

큐빅리딩

는 사람 없고 빽 있는 사람에겐 자연스레 기회가 따르기 때문이죠. 초연 결시대일수록 '돈 유통라인'과 '정보 유통라인'이 점점 일치하는 경향을 보입니다. 정보 유통 라인은 인맥, 바로 '휴먼네트워크'이기 때문입니다. 자본주의사회에서 가난이 치명적인 까닭은, 무엇보다도 휴먼네트워크를 협소하게 고립시키거나 심지어 차단하기 때문이기도 합니다."

"무슨 말씀이신지 감이 확 오진 않네요."

"아마 젊으셔서 그럴 거예요. 제 나이되면 번호는 둘째 치고 버리거나 먼지 쌓이는 명함이 수두룩할 겁니다. 이것을 초기에 방지하자는 말이죠. 평소에 휴먼네트워크를 활성화시켜야 합니다. 혹시 '사람 치매'라는 말을 들어보셨나요?"

"무슨 말씀이신지는 알겠네요. 사람 잊어버리는 사람 같아요."

"네, 맞습니다. 세상과 통하지 못해 관계를 맺기 힘든 사람을 말합니다. 행복에 사각지대가 있다면 '관계'를 말합니다. 인간은 사회적 동물이라 혼자서 북 치고 장구 칠 수 없는 노릇이지요. 그래서 가장 불행한 사람은 누구와도 소통을 할 줄 모르는 불통인간이라고 생각합니다."

"사람 인(人)자는 사람이 서로 기대고 있는 모습이라 하던데, 다른 의견은 혼자 뛰어가는 모습이라고 하구요. 말씀대로라면 불통은 후자겠네요."

"불통인간은 남보다는 나를 챙기기 때문에 나눌 줄도 모르고 받을 줄도 모릅니다. 물론 자신은 이 병에 걸린 줄 모르지요. 그러다 보니 세상 돌아가는 것을 모른 채 치매가 자리 잡게 됩니다. 사람 치매는 나이가 들수록 더욱 심각해지는 현상을 보입니다. 21세기는 공감시대라고 합니다. 공감은 감정을 동반합니다. 그래서 혼자가 아닌 함께해야 한다는 겁니다. 그래서 저는 강의할 때 이런 말을 합니다. 이젠 Lead가 아니라 With다!"

With란 단어가 인상 깊었다. 리더가 한 사람이라는 건 고정 관념이었을까. 지한은 세상 돌아가는 것을 알기 위해 책과 신문을 꾸준히 접하고 있었다. 읽은 것을 써먹기 위해 쓰고 있지만, 쓰기의 종착역은 다름 아닌 사람이라고 들려왔다. 무슨 일이든 함께라면 혼자보다 수월한 것은 맞다.

"뭔가 함께할 사람을 찾는 게 중요하다는 거네요."

"네. 저도 이 일은 혼자하기 벅찹니다. 바쁜 일정 유지할 수 있는 이유도 많은 분들의 도움이 있었기 때문이죠. 오호호!"

큐빅리딩

지한은 이런 그녀가 싫지 않았다. 말 많은 동네 아줌마에서 이모처럼 친근하게 다가왔다. 영웅 신화나 성공 스토리와는 달리 사적인 얘기가 오히려 와닿았다.

　"이해를 돕기 위해 기러기 습성을 알려드릴게요. 기러기는 한 번 이동할 때 4만Km를 날아갑니다. 'V자 형태'로 비행을 하죠. 대열을 유지하면 단독비행보다 거리가 71%나 증가합니다. 뒤따라오는 기러기에게 '양력'이 생기기 때문이죠. 혼자 날던 기러기는 대열에 합류해 옆 친구의 양력을 이용하여 속도를 유지하도록 해줍니다. 반면 대열을 이탈해 혼자 날게 되면 공기저항을 받게 됩니다. 그런데 선두는 대장 기러기가 아닙니다. 그날 컨디션이 가장 좋은 기러기입니다. 선두가 피곤해지면 대열 중간에서 다른 기러기가 선두에 섭니다. 또 대열에 있는 기러기는 뒤에서 울음소리를 내어 앞줄 기러기를 격려합니다. 서로 의지하고 격려하며 함께하는 기나긴 행렬은 그 자체가 감동이 아닐 수 없습니다. 그뿐만이 아닙니다. 기러기 한 마리가 병에 걸리거나 상처를 입으면, 두 마리 기러기가 대열에서 빠져나와 도와줍니다. 두 마리의 기러기는 한 마리 기러기가 다시 날 수 있을 때까지, 죽을 때까지 함께 있어 줍니다. 그리고 한 마리가 죽고 나서야 두 마리는 원래 대열을 쫓아갑니다."

　"그 정도일 줄은 몰랐네요. 기러기가 사람보다 나은 것 같아요."

"니들이 리더를 알아?"

"간혹 인생을 마라톤에 비유하곤 하죠. 단거리 100m는 혼자서 얼마든지 가능합니다. 그러나 42.195Km는 혼자서 좋은 기록을 낼 수 없습니다. 페이스메이커가 필요한 데는 다 이유가 있죠. 더군다나 100세 시대에 '혼자 가는 길'보다 '함께 가는 길'이 외롭지 않겠죠? 인생이든, 마라톤이든, 비즈니스든 '외기러기 전략'으로는 오래가기 힘듭니다."

"가족 아닌 가족을 만들어야겠네요. 경제적이든 마음의 위안이든, 서로가 생각하는 내 편이 많다면 세상 살아가는 데 든든할 것 같아요. 진짜 친구 한 사람만 있어도 성공한 인생이라는 아버지 말씀이 떠오르네요."

큐빅리딩

"대체로 친구라 하면 옛 벗이라고 말하지만 실상 다른 생각을 하는 경우가 많아요. 학연, 지연, 혈연이라 해도 손해 보기 좋아하는 사람은 없기 때문이죠. 언제든 등 돌릴 준비를 하고 있는 건지도 모르겠습니다."

"먹고사는 일이 엮이면 그런 경우가 많은 것 같아요. 실질적으로 돈 관계죠."

"돈이 엮이면 피곤해질 수밖에 없어요. 친구관계도 채권자 채무자로 바뀌게 됩니다. 이런 관점에서는 소통을 비즈니스로 보셔도 무방합니다. 사실 인간관계는 일상이 비즈니스입니다. 상대에게 자신을 팔아가면서 살아갑니다. 한 경영자는 영업에서 성공하려면 눈앞에 보이는 이익이나 사업에 연연하지 말고 고객과의 신뢰 관계를 쌓는 데 주력해야 한다고 해요. 신뢰는 왜 중요할까요? 조직 내에서 신뢰도가 높으면 협업, 팀플레이, 파트너십과 같은 행동 역량을 높일 수 있고 많은 사람의 만족도를 올릴 수 있기 때문입니다. 어떻게 보면 소통은 신뢰를 먹고 자란다고 할 수 있습니다."

04

소통 없이는
신뢰도 없다

"소통이 듣기·말하기만의 영역은 아니라고 말씀드렸습니다. 한 가지 예시를 들어볼게요. 뉴욕 시에서 카페를 운영하는 사장이 있었어요. 그는 아침, 점심시간에 손님이 몰리는 탓에 기다리다가 짜증을 내며 다른 가게로 발길 돌리는 고객들을 목격하게 됩니다. 그 이유는 거스름돈을 내주는 데 시간이 많이 걸렸기 때문입니다. 그래서 그는 결단을 내립니다. 계산대에 지폐와 동전이 가득한 바구니를 놓고 알아서 가져가도록 했습니다."

"몰래 훔쳐가는 사람이 많지 않았나요? 거슬러야 할 돈보다 더 가져갈 수도 있을 텐데 말이죠."

"아닙니다. 오히려 놀라운 일이 벌어졌습니다. 고객들은 정직하게 계산했고 더러는 팁을 남기기도 했습니다. 자신이 신뢰받는 느낌에 가게를 더

큐빅리딩

믿게 됐습니다. 덤으로 평소보다 200% 오른 회전율을 보일 수 있었고요. 매상은 자연스럽게 따라왔죠."

"제가 사장이라도 내리기 쉬운 결정은 아니었을 텐데. 존경스럽네요."

"신뢰의 반전이라고 할 수 있죠. 이해와 공감을 얻는 데 성공했다고 말할 수 있겠습니다. 비슷한 예로 요식업계에 종사하는 K사 사장은 고질적인 문제를 안고 있었습니다. 원인은 돈이 아니었습니다. 종업원 아주머니들의 이직률이 높았습니다. 사장은 고민 끝에 조치를 취했습니다. 1년 근속한 직원에게 부부동반 만찬회를 열었고, 3년 이상 근속자에겐 부부동반 해외여행권을 선물했습니다. 이러한 소문을 듣고 입사 대기자들이 줄을 섰고 이직하려던 사람들도 마음을 바꾸었습니다. 당시 K사는 연 100억 원 이상의 매출을 올리는 전문회사로 성장하게 되었습니다."

"결국 '신뢰란 무엇인가'를 고민해야겠네요. 카페 사장은 고객, 요식업 사장은 직원을 대상으로 진행한 것 같습니다. 상대방이 누구냐에 따라 각기 다른 니즈를 충족시키는 게 무엇보다 중요한 것 같아요."

"신뢰를 깊게 생각해보니 문제가 한두 가지가 아니죠? 여기서 제 고백 하나 할게요. 작년에 책을 출간했습니다. 제 10번째 책이었죠. 작가들은 은근히 대박을 기대하며 책을 씁니다. 그러자면 적극적인 마케팅이 필요하고요. 대중에게 알리는 데 가장 쉽고 빠른 효과를 볼 수 있는 게 미디어 매체인 건 당연합니다. 그래서 나름 작정하고 관계를 유지했던 기자들에게 안부인사 겸 전화를 했습니다. 하지만 반응은 차가웠습니다. 목소리에도 영상지원이 가능하다는 것을 그때 알았습니다. '인생 잘못 살았구나!'라는 생각이 들면서 소통의 부재가 주는 대가라는 것을 알아차렸죠."

"기자들이 과도한 걸 요구했나요? 아니면 일을 건성으로 했나요?"

"아뇨. 진입도 못했습니다. 연락두절이 3년이었다는 게 문제였습니다. 수년간 쌓아온 정만 믿고 무작정 청탁을 하니 당연한 결과였죠. 우리 사이에 있던 다리가 이미 무너졌던 겁니다. 그래도 그렇지, 이 나쁜 놈들!"

스타 강사라지만 그래도 사람이었다. 지한은 S강사가 투덜대는 모습이 아는 누나 같이 구수하고 정감 넘쳤다. 아줌마에서 이모, 이모에서 아는 누나까지. 다음은 어떻게 변할지 궁금했다.

'역시 보이는 게 다가 아니구나. 영상으로 볼 때와는 너무 다른데? 그래도 3년은 너무 심했다. 필요할 때만 연락한 게 가장 큰 문제지. 연락처를 정으로, 정을 소통으로 착각하고 있었네. 진정성을 보이는 게 중요한데.'

큐빅리딩

지한은 단체 카톡방에 복사와 붙여넣기를 일삼는 사람들이 떠올랐다. 마케팅을 당연하게 생각하는 사람이 많았지만 소통으로 착각하고 있는 사람도 있었다. 안타까운 마음에 S강사를 위로했다.

"괜찮아요. 앞으로 안 그러면 되죠. 강사님."

"아닙니다. 나쁜 놈들 맞습니다! 그래도 우리는 이런 다리를 복구하기 위해 노력해야 합니다. 목구조는 수시로 보수하지 않으면 언젠가 무너집니다. 철골조도 마찬가지로 유지 보수 안 하면 녹슬겠죠. 영원불변한 다리는 없습니다. 함께 만들고 유지해야 합니다!"

　지한은 S강사가 측은해 보였다. 그녀에게 힘이 돼줘야겠다는 마음에 맞추기로 했다. 마찬가지로 이럴 땐 리액션이다.

"네. 맞습니다! 가장 안전한 다리를 지어야 합니다!"

"저는 강의에서 이런 이야기를 합니다. 소통력이 약하다는 건 자신의 다리가 무너졌거나 흔들리고 있다는 겁니다. 치아가 흔들리는 것처럼 말이죠. 이때 치아를 그대로 두면 임플란트까지 고려해야 하는데 그 비용은 천문학적입니다. 따라서 고장난 다리를 복원하는 데 돈, 열정, 무엇이든

지 아끼지 말라고 당부합니다. 아껴가며 복원되는 다리는 없습니다. 손품 발품 모두 팔아 망가진 다리를 복구해야 합니다!"

지금껏 거쳐 온 지한의 인연을 생각해보는 말이었다. '회자정리(會者定 離)'는 시간이 해결해주지만 '거자필반(去者必返)'은 아니다. 스쳤던 연, 맺 었던 연, 풀려버린 연 모두 '인연'이라고 말하지만 떠오르는 사람은 많고 남은 사람은 별로 없었다. 어쩌면 S강사를 위로한 것처럼 자기도 위로받 고 싶었는지 모른다. 잠시 딴생각한 사이 그녀의 외침이 뇌리에 꽂혔다.

"이 세상에 공짜 점심은 없습니다!"

지한은 그녀에게 점심을 샀다.

미국의 경제학자 밀턴 프리드먼은 말했다. "세상에 공짜 점심은 없다!"

큐빅리딩

05

눈으로
듣는 방법

오전 수업이 끝났다. 에너지 소모가 컸는지 둘은 오가는 말없이 게걸스
럽게 국밥을 들이켰다. 후식은 인근 카페였다. 커피를 마시며 S강사는 지
한에게 강사 시장에 대해 조언했다. 자신이 어떻게 경쟁에서 살아남았는
지 생생한 스토리를 들려주었다. 지한이 알아본 바와 같이 무모하게 뛰어
드는 사람도 많다고 했다. 끝으로 오후 수업 내용을 간략하게 설명한 후
강의실로 돌아왔다.

"잘 따라오시네요! 열정 높이 삽니다. 준비할 동안 프린트 읽어보세요."

'고대 철학자 아리스토텔레스는 인간을 '사회적 동물'로 정의했다. 인간
은 개인으로 존재하지만, 그 존재의 참된 의미는 타인과의 관계에서 찾아
야 한다는 뜻이다. '사회적 동물'은 '소통하는 동물'과 맥을 같이한다. 사회

는 결국 소통하는 공간이다. 대화를 나누고, 생각을 공유하고, 눈길을 주고받는 공동체다. 문명의 발달은 인류의 '소통 테크닉'이 그만큼 다양해지고 세련돼졌다는 뜻이기도 하다.

　… 시대마다 동서양을 관통하는 화두가 다르다. 인류의 눈길이 발명에 쏠린 시대가 있었고, 예술·철학이 인류의 주된 관심이던 시대도 있었다. 역사의 어느 구간에선 이데올로기가 인류의 생각을 흔들었다. 21세기는 소통이 화두다. 소통은 이 시대 리더십의 핵심이기도 하다. 소통은 생각을 주고받는 것이다. 상대를 합리적으로 설득하는 테크닉이고, 상대의 생각을 존중하고 이해하는 기술이고, 서로의 생각을 나누는 노하우다.' 8)

"다 읽으셨나요? 다시 시작하겠습니다. 오늘 시간 값지게 써야겠죠? 지금부터는 소통하기 위한 방법을 알려드리겠습니다. Know-How 아닌 Do-How입니다!"

　2라운드다. S강사의 강렬한 목소리에 지한은 졸린 눈이 뜨였다. 그녀는 기름진 얼굴임에도 개의치 않고 수업을 시작했다.

"하나씩 짚고 넘어가겠습니다. 저는 비즈니스를 한마디로 '물(H_2O)!'이라고 합니다. 이 말을 하나의 공식으로 표현하자면 이렇습니다. 'Business = Human × Human × Organize' 풀어 설명하면 사람과 사람을 연결하거나 구성하고 해결하는 작업입니다. 비즈니스의 시작은 사람이라는 거죠."

"다시 사람이네요. 그만큼 중요하다는 말씀이시겠죠?"

"맞습니다. 저는 이것을 '업(業)의 공식', 사람을 중심으로 돌아간다고 말합니다. 좋은 사람을 만나면 올라가지만(Up) 나쁜 사람을 만나거나 좋은 사람을 만나지 못하면 내려간다(Down)는 말이죠. 결국 비즈니스는 사람을 모르고서는 할 수 없습니다. 사람이 '물' 없이 살 수 없듯이 사업은 '사람' 없이는 할 수 없기 때문입니다."

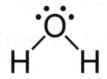

"사업하는 사람에게만 해당하나요? 직장인이나 프리랜서는요?"

"모든 사람에게 해당합니다. 점심시간에 지한 씨가 1인 지식 기업가를 언급하셔서 드린 말씀입니다. 세상이 꼭 아름답지만은 않아요. 시기와 질투가 만연하는 사회입니다. 선한사람과 악한사람, 일 잘하는 사람과 못하는 사람, 나서는 사람과 방관하는 사람, 솔직한 사람과 거짓말하는 사람이 모두 뒤섞여있는 게 현실적인 사회죠. 사람만 그런 줄 아세요? 게 한 마리를 잡아 그릇에 넣어두면 금방 밖으로 빠져나오지만 두 마리를 넣어두면 모두 빠져나오지 못한다고 합니다. 게는 서로를 끌어내리는 본능을 가지고 있기 때문입니다. 이런 걸 뒷다리 붙잡기 현상이라고 합니다. 살아남으려면 현명하게 대처하는 자세가 필요하죠."

"물귀신 작전이네요. 남을 밟고 올라가는 모습이 지금의 경쟁시대를 보여주는 것 같아요."

"적의 적은 아군이란 말이 있죠. 영원한 적도, 친구도 없다는 말도 있고요. 사람 일은 어떻게 될지 아무도 모릅니다. 그래서 상대방을 내 편으로 만드는 일이 중요합니다. 자, 따라 해보세요. 사람은 눈으로 듣는다!"

헬렌 켈러는 이렇게 말했다.
"보지 못하면 사물과 멀어지지만, 듣지 못하면 사람과 멀어진다."

"사람은 눈으로 듣는다!"

"영업이나 컨설팅을 오래한 사람은 상대를 알아보는 안목을 갖게 마련입니다. 이야기를 몇 마디 나누다보면 '믿을 만한 사람'이라는 확신을 갖고 과감하게 비즈니스를 진행하는 경우도 있습니다. 반대로 그렇고 그런 사람은 선입견을 갖고 일을 끝내버리는 경우도 있지요. 첫인상은 쉽게 바뀌지 않을뿐더러 무척 오래갑니다."

"강사님 말씀 듣다보니 독특한 인상착의나 행동만으로 기억나는 사람이 있네요. 스쳐간 인연이라지만 머리 한 구석에 자리 잡고 있는 것 같아요. 지금 생각나는 게 신기하기도 해요."

"특히 첫인상은 좋은 측면보다 나쁜 측면을 더 강렬하게 기억합니다. 만약을 대비해 피해를 예방하려는 방어기제 때문입니다. 저 사람은 성실하고 궂은일도 마다 않는데 술만 먹으면 짖는다거나, 말만 많고 성과는 없는 사람이라든지, 시도 때도 없이 말 바꾸는 사람, 거짓말을 밥 먹듯 하는 사람, 알맹이 없이 껍데기로만 포장한 사람, 착한 척 다 하면서 뒤에서는 뒷담화만 일삼는 사람은 기피 인물로 낙인찍히기 십상입니다. 장점들은 한순간에 잊히게 되죠."

"잘 알고 있다고 생각한 사람의 다른 모습을 알았을 때 실망한 경험이 있습니다. 그 사람을 몰랐다고 말해야 하는 게 맞겠네요. 뒤에서 온갖 추잡한 일을 꾸미는 사람이었어요. 공든 탑이 한순간 무너졌어요."

"그래서 처음이 중요하다고 다시 한 번 말씀드립니다. 첫 만남은 농담이라도 삼가야 합니다. 하지만 여러 사람이 모인 자리에서 자기 존재를 각인시키고 싶어 하는 이들이 많습니다. 그럴 땐 오히려 첫인상이 강렬하게 남기 때문에 먼저 일어나 자기소개를 할 일입니다."

"첫인상이 오래 남는 사람은 따로 있다는 말씀으로 들리네요."

"그럼요. 이런 사람들에겐 공통점이 있어요. 일단 상대방이 이야기할 땐 호기심을 보이죠. 그리고 천천히, 또박또박, 차분하게 그리고 가급적 적게 말합니다. 상대 전문분야에 대해서도 절대 아는 척하지 않습니다. 손아랫사람에게는 예절을 갖춰 배려하고요. 나아가 누구 말이든 잘 들어줍니다. 그중 가장 중요한 건 '경청하는 태도'입니다. 사람은 누구나 이야기하는 사람보다는 들어주는 사람을 좋아하게 돼있습니다."

지한은 오전 내내 신나게 들었던 소통이 떠올랐다. 그리고 그녀에게 받았던 명함을 꺼내 살펴봤다. 'Listening First, Speaking Second!' 배경과 대

큐빅리딩

비하는 검은 글자가 선명했다.

"지한 씨, 집중하세요! 지금부터 '경청의 힘'의 중요성을 알려드릴까 합니다. 성공학자 데일 카네기의 저서 『인간관계론』에 나오는 일화를 말씀드릴게요. 카네기는 출판업자 주최 파티에서 저명한 식물학자를 만났습니다. 이날 카네기는 식물학자가 토해내는 식물들과 새로운 품종 개량 실험 얘기를 들었습니다. 그 자리엔 10여 명의 사람이 있었으나 그들을 무시한 채 식물학자와 몇 시간 동안 얘기를 나눴습니다. 사람들이 한두 명씩 떠나기 시작할 때가 돼서야 식물학자는 파티 주최자에게 카네기 칭찬을 하기 시작했습니다. 그는 카네기가 매우 흥미롭게 이야기하는 사람이라고 말했습니다.

이야기를 들은 카네기는 의외라고 생각했습니다. 사실 그는 거의 말을 하지 않았습니다. 왜냐하면 식물학에 대해 아는 게 없어서 열심히 듣기만 했기 때문입니다. 진정 관심이 있었기에 열심히 들었던 겁니다. 식물학자도 카네기가 열심히 듣는 것을 알았고 경청하는 자세에 만족을 느꼈습니다. 경청은 다른 사람에게 할 수 있는 최고의 찬사라고 하죠. 실제로 카네기는 단순히 경청하고 식물학자에게 말을 유도했을 뿐인데 식물학자에게는 대화를 매우 잘하는 사람으로 인식된 겁니다. 재밌는 이야기지만 많은 것을 시사해줍니다."

지한은 카네기와 식물학자의 생각이 일치하지 않는 부분을 캐치했다.

"겉으로 드러나는 말이 상대에 따라 이렇게 다를 줄 몰랐네요. 식물학자를 바라보는 카네기를 상상해봤어요. 최고의 성공자가 되는 방법은 대화상대를 노려보기만 하면 되겠고요. 어? 전 이미 성공자였네요."

S강사는 환하게 웃었다. 서서히 마음이 열리는 지한의 변화를 지켜봤기 때문이었다. 화기애애한 강의는 계속 진행됐다. 주고받는 대화 속에 주제는 녹아 있었다. 듣고 말하는 원이 교차하며 교집합은 넓어지고 있었다.

"지한 씨가 그렇게 생각해주시니 이 자리가 빛날 수 있는 겁니다. 어느 심리학자는 행복한 부부 2만 쌍에게 행복의 비결을 물어봤습니다. 80% 이상이 '배우자가 내 말을 잘 들어주어서 행복하다.'라고 대답했습니다. 사람은 주목받고 싶어 하고, 그 욕구를 충족시켜주는 상대방과는 손해를 감수해서라도 관계를 가지려 애씁니다. 인간은 이렇게 고독한 동물입니다."

"메라비언의 법칙이네요."

"잘 아시네요. 대화에서 시각과 청각 이미지를 중시하는 커뮤니케이션 이론입니다. 사람들은 상대가 말하는 내용을 그대로 받아들이지 않는다고 하죠. 누군가를 만났을 때 7%만 상대가 말하고 있는 내용으로 첫인상을 결정했으며, 38%는 상대가 말하는 태도, 55%는 상대의 겉모습에 따라 결정한다고 합니다. 말의 내용과 직접적으로 관계없는 요소가 93%를 차지한다는 거예요. 그렇다고 너무 외적인 요소에만 신경 쓴다면 속 빈 강정이 돼 보일 수 있으니 주의해야겠죠?"

"입 닫은 사람을 더 좋아하는 거군요. 말을 안 하니 무슨 말을 할까, 어떤 목소리를 가졌을까가 오히려 호기심을 이끄는 것 같아요."

"콩나물은 물먹고 자라고 프로선수는 인기, 성공하는 사람은 이미지를 먹고 성장한다고 합니다. 아무튼 첫인상이 이미지의 80% 이상을 결정한다는 점을 명심하기 바랍니다. 그 짧은 순간이 돌이키지 못할 결과를 낳는 것을 가슴속에 담아야 합니다. 상대를 내 편으로 만드는 첫인상을 챙겨야 합니다. 상대는 눈으로 지한 씨를 듣기 때문입니다."

06

등급별
5가지 듣기 유형

"지한 씨. 자존감과 자존심의 차이를 아세요?"

"비슷한 것 같긴 한데, 큰 차이가 있나요?"

"자존감과 자존심은 모두 자신을 사랑하는 감정입니다. 차이가 있다면 전자의 기준은 자신이고 후자는 타인이죠. 자존감이 높은 사람은 스스로가 밑 보이는 행동을 하지 않습니다. 타인의 기준에 휘둘리지 않고 자신을 만들어 나갑니다. 자생력이 강해서 고난과 역경이 와도 금방 이겨냅니다. 실패의 원인도 남에게 돌리지 않죠. 자신과의 약속을 굳건히 지키며 원칙을 두텁게 세웁니다. 반면 자존심은 타인을 기준으로 두기 때문에 비교를 합니다. 시기와 질투를 유발하면서 타인을 끌어들여 싸울 만한 상황을 만들어요. 나쁜 건 남 탓으로 돌리고 아쉬우면 의지합니다. 실패에 대한 두려움도 자신을 믿지 못하기 때문에 일어나는 현상이죠. 결국 타인과의 약속을 불이행합니다."

"의도했던 방향과 다르게 흘러가는 이유가 있었군요. 자연스럽게 타인과 비교를 하면서 자존감은 낮아지고 자존심은 높아지는 것 같아요."

"해결책이 있다면 거절이에요. 자존감을 얻으려면 과거, 비교의식으로 중무장한 자신과 싸워야 합니다. 삶의 기준이 타인에게 있으면 불행해집니다. 그렇다고 다수가 따르는 통념을 거부하기는 힘들어요. 별 탈 없이 잘 따르고 사는 사람도 많기 때문에 어쩔 수 없습니다. 사실 혼자만의 힘든 싸움을 하고 있는 사람들이 많습니다. 꿈을 만류하는 가족, 직업에 대한 차가운 시선, 불신 가득한 사회와 실패가 직간접적으로 제한을 가하죠. 대부분 사람들은 불편을 최소화하기 위해 순응합니다."

"어찌 보면 사람들은 제게 별 관심 없는데 저 혼자 눈치 보려고 노력하는 것 같기도 해요."

"그렇기 때문에 지한 씨는 더욱 들어야 합니다. 가지각색인 사람들 생각을 알아야 타인 말에 흔들리지 않는 기준을 세울 수 있기 때문이죠. 혹시 지한 씨는 듣기 선수가 누구인지 아세요?"

"듣기에도 선수가 있나요?"

"이 세상에는 잘 듣기로 먹고사는 사람이 있습니다. 바로 정신과 전문의입니다."

"듣고 보니 맞네요. 전체를 들어야 정확한 진단을 내릴 수 있으니까요."

"정신과 의사는 듣는 데 탁월한 선수입니다. 환자가 찾아오면 처음부터 환자 이야기만 듣습니다. 그러다보니 환자는 자신의 속내를 거리낌 없이 쏟아놓습니다. 정신과 의사는 환자가 말하는 내용을 통해 병적 원인을 진찰하고 처방합니다. 그렇다고 정신과 의사만 그럴까요? 자식을 가진 부모라면 모두 마찬가지였습니다. 아마도 지한 씨 부모님은 지한 씨가 태어나기 전부터 그 목소리를 듣기위해 간절히 기다렸을 겁니다."

"미혼이라 잘 모르겠지만 이해는 되네요. 어린 조카가 울면 아파서 그런지, 배가 고파서 그런지 가족 모두 노심초사했어요. 초점이 아기에 맞춰져 있었죠. 이렇게 아이 대하듯 들어야 하는군요. 성인이라도 마찬가지고요."

"그 아이가 자라면서 읽기·쓰기·말하기를 배웁니다. 듣기는 배웠을

큐빅리딩

까요? 부모 욕구에 따라 표현하는 데 치중하다 보니 소홀해질 수밖에 없습니다. 듣기가 중요하다는 말은 크면서 깨닫게 되죠. 실질적인 듣기는 성인의 영역에 머물고 있어요. 귀가 두 개고 입이 하나인 데는 다 이유가 있습니다."

어디서든 듣는 게 중요하다는 말은 쉽게 접할 수 있었다. 돌이켜보면 사회에 나와서 깨닫는 말이었다. 어렸을 때 지한은 그렇게 읽고 쓰기 싫어하면서 말만 하고 돌아다닌 것 같았다. 학교 교육과정도 겉으로 드러내는 표현과 외향적인 행동을 강조했다. 과연 발표를 잘하고 활동적이어야 한다는 게 반드시 옳은 말일까. 외향적인 사람과 내성적인 사람이 섞여 있는 게 사회인데 말이다. 어쩌면 어려서부터 말하는 것보다 들었던 친구들은 남다른 능력을 가지고 있지 않을까 생각했다.

"지한 씨, 지금부터 '등급별 5가지 듣기 유형'을 말하고자 합니다. 보통 사람들은 대화하는 데 있어 듣기보다는 자기 이야기를 하는 데 주력합니다. 말을 많이 하면 호감과 관심이 떨어집니다. 지한 씨는 어디에 해당하는지 한번 고민해보세요.

우선 '듣지 않기' 5등급 입니다. 사람을 무시하는 사람에게서 종종 볼 수 있죠. 잘난 체하거나 거만하고 오만한 행동은 주변을 불편하게 만듭니다. 사람도 알아서 떨어져 나가요. 자기가 사람 머리 꼭대기에 있다고 생각하기 때문에 무슨 행동을 잘못했는지도 모릅니다. 못 듣는 게 아니라 아예 안 듣는다고 보시면 됩니다.”

'자기만의 세계에 갇혀 있는 사람이 있었어. 자기가 옳다고 말하는 게 강요로 들려서 주변을 불편하게 했었지.'

“4등급은 '흘려듣기' 입니다. 흉내만 내는 거죠. 상대가 말하는 내용 중 10% 정도만 듣는 단계를 말합니다. 부부 간 대화에서 남편이 종종 취하는 모습입니다. 부인이 대화를 건네면 수다로 받아들이는 겁니다. 듣는 것처럼 행동하지만 거의 안 듣는다고 보시면 됩니다.”

'아버지가 가끔 어머니 잔소리를 우스갯소리로 넘기시는 것 같긴 해. 아마도 가정마다 다르겠지?'

“3등급은 '골라듣기' 입니다. 조직에서 흔히 볼 수 있는 모습입니다. 상사가 부하 직원 말을 들을 때 취하는 자세죠. 어떤 것은 듣고 어떤 것은 안 듣습니다. 민주적 리더십보다는 전제적인 리더십을 발휘하는 사람일수록 이런 경향이 강하지요. 상대가 말하는 내용 중 30% 정도를 듣는 셈입니다. 브리핑 할 때 CEO가 취하는 모습에서 볼 수 있는 자세입니다.”

큐빅리딩

'듣고 싶은 것만 듣는 게 이거군. 상급자일수록 전체적으로 돌아가는 것을 알아야 할 텐데. 조심하지 않으면 까막눈 되기 쉽겠어.'

"2등급은 '챙겨 듣기'입니다. 경청으로는 바람직한 자세라고 할 수 있습니다. 상대가 말을 하면 손짓발짓을 해가며 맞장구쳐주고 적극적으로 들어줍니다. 남 이야기를 주의 깊게 듣지만 귀로만 듣기 때문에 상대가 말한 내용 중 70% 정도에 그친다고 합니다. 몸으로 듣고 마음으로는 듣지 않는 단계죠."

'TV 방청객이 하는 행동인가? 웃음, 하하하. 박수, 짝짝짝.'

"마지막 1등급은 '맞춰 듣기'입니다. 귀와 눈, 가슴으로 듣는 가장 이상적인 자세입니다. 상대 말을 거의 90% 이상 듣습니다. 연애 초기를 생각해보세요. 애인이 말하는 내용을 내 이야기처럼 활짝 열고 듣게 되죠."

'불에 뛰어드는 불나방처럼. 하늘의 별도 따다주려 했지.'

"강사님 말씀에 저를 돌이켜 보게 되네요. 저는 3등급, 2등급 수준에 머무는 것 같아요."

"전 아내로 따지면 4등급입니다. 직업상 1, 2등급인 거구요. 지한 씨도 차차 나아질 겁니다."

S강사는 곧바로 판서하기 시작했다. 그녀는 무엇을 해야 할지 아는 전문가였다. 수업 진행에 막힘이 없었다. 지한을 위한 배려차원에서 두 개의 한자와 더불어 뜻, 음을 화이트보드에 큼지막하게 적었다. 들을 청(聽)자와 암 암(癌)자였다. 그녀는 한자를 분해하여 해석하기 시작했다.

聽

"먼저 들을 청(聽)자를 보겠습니다. 분해하면 '耳 + 王 + 十 +目 + 一 + 心'으로 구성돼 있습니다. 경청이라는 관점에서 해석해볼까요? '왕(王)의 귀(耳)로 하나(一)부터 열(十)까지 마음(心)의 눈(目)으로 본다'는 의미입니다. 백성을 위하는 성군의 귀라 할 수 있겠죠? 이것을 재구성하면 '耳 + 王 = 듣기' '十 +目 = 보기' '一 + 心 = 읽기'가 됩니다. 청이라는 한자 안에 듣기, 보기, 읽기가 모두 있는 겁니다. 공감은 이 3가지를 다 동원하라는 뜻이고요."

"눈으로 보는 것과 마음으로 보는 게 다르네요. 현상을 읽는 것과 본질

큐빅리딩

을 읽는 것. 귀가 엄청난 일을 하고 있었어요."

癌

"그렇게 말씀하신 지한 씨는 이미 경청의 대가입니다. 제 마음을 읽고 계셨어요. 뿌듯합니다! 이번엔 암(癌)자를 보겠습니다. '암'을 들여다보면 '疒+口+口+口+山'로 구성되어 있습니다. 한번 풀어볼까요? '앓는 지도 모르고 산에 갇혀 말싸움하는 모습'을 뜻합니다. 말을 배우는 데 2년, 침묵을 배우는 데 60년이 걸린다고 합니다. 상대가 누구든지 대화에서 가장 중요한 건 말하기보다 '듣기'가 되어야 한다는 겁니다."

"재밌네요. 입이 세 개라 싸울 일밖에 없겠어요. 제 경험상 현장에서도 감리가 많으면 공사가 산으로 간다는 말이 있었어요. 실무자 의견을 고려하지 않은 안일한 판단을 할 수 있다는 말이죠. 지체하면 공사비만 까먹게 되고요."

"괜찮은 예시네요. 말씀처럼 성공적인 인간관계를 하려면 암적인 요소인 입(口+口+口)을 경계해야 합니다. 잘 들어주는 사람에게는 사람이 모이기 마련입니다. 이청득심(以聽得心)이란 말도 있죠. 귀 기울여 들으면 사람의 마음을 얻을 수 있다는 겁니다."

"그런 친구가 있었어요. 존재감은 없었지만 조용히 자리를 채워주던 친구요. 어디에나 있다 보니 가끔 없으면 허전하더라고요. 사람들이 특히 그 친구를 많이 찾았던 것 같아요."

"가까운 사람이 소중한지 알려면 한 번 떨어져 지내보는 것도 방법입니다. 없어봐야 소중하고 그리운지 알게 됩니다. 오래된 부부도 한 달에 한두 번 보면 항상 신혼이 가능하다고 합니다. 아무리 가까운 사이라도 자주 보면 흠만 잡기 시작해요. 저처럼요!"

"강사님은 남편분이랑 자주 싸우시나 봐요."

"그런 건 아니지만 속 터질 때가 많죠. 언젠가 남편이 제게 '여자가 남자보다 훨씬 말을 더하고 산다.'라는 거예요. 발끈해서 '왜 그런지 알아?'라고 했죠. 남편이 궁금했는지 이유를 묻더라고요. 저는 '남편들은 똑같은 소리를 두 번씩 하게 만들잖아!'라고 했어요. 그랬는데 남편이 뭐라고 한 줄 아세요?"

"뭐라 했는데요?"

"'당신 지금 뭐라고 했어!'라는 거예요. 그래서 다시 '남편들은 똑같은 소리를 두 번씩 하게 만들잖아!'라고 했죠."

"무한반복 블랙홀이네요. 주의해야 할 것 같습니다."

"그런 차원에서 지한 씨를 위해 간단한 처방을 드리겠습니다. '듣기의', '듣기에 의한', '듣기를 위한' 박수입니다. 나중에 좋은 가정 꾸리시기 바랍니다. 자아, 양손을 펴시고 힘껏 쳐주세요!"

"짝짝짝!"

"더 세게!"

S강사는 흥분해 보였다. 그녀의 외침에 따라 1분 넘게 박수를 치니 손이 달아오르기 시작했다. 아줌마는 한 맺힌 박수를 가르치고 있었다. 뭔지 모르는 화를 승화시키는 것만 같았다. 지한은 3등급 듣기를 실천하고 있었다. 시간이 지날수록 4등급으로 넘어가고 있었다. 5등급으로 가기를 원했다.

07

귀는
실수하지 않는다

세수하고 남은 물기를 닦으며 지한은 S강사를 보았다. 지친 것 같으면서도 다시 부활하는 그녀를 보고 여러 번 놀랐다. 그녀 말로는 1, 2시간과 4, 8시간 강의도 계획에 맞춰 실행해야 한다고 했다. S강사는 시간 배분이 칼이었다. 정확한 시간 안에 강의내용을 쏟아냈다. 전문가는 바로 이런 게 아닌가 싶었다.

"지한 씨, 곧 끝납니다. 조금만 더 힘내주세요. 지금부터는 '백금률'에 대해 말씀드리겠습니다."

"황금률은 들어봤는데 백금률은 처음입니다."

"아마 그러실 겁니다. 백금률은 21세기 성공법칙 '플래티넘 룰(Platinum

Rule)'이라고 합니다. 황금률은 '받기 원한다면 그만큼 먼저 해줘라.'지만 백금률은 '타인이 원하는 대로 해줘라.'입니다. 관점이 누구냐에 따라 차이가 생기죠. 부연설명하면 나와 상대방이 대접받고 싶은 방식이 다르다는 것을 인식하는 겁니다. 상대방이 대접받고 싶어 하는 대로 그를 대접하는 것을 말합니다."

"시간이 오래 걸리겠네요? 타인에게 물어봐야 원하는 게 무엇인지 알 수 있지 않나요?"

"직설적으로 물어볼 수도 있겠지만 누구나 쉽게 원하는 것을 겉으로 드러내지는 않습니다. 그렇다면 간접적으로 들으면 되겠죠? 그래서 잘 듣는 것뿐만 아니라 잘 듣고 있다는 사실을 보여주는 것도 중요합니다."

"과격한 듣기 피드백이 필요하겠군요."

"의도적으로 하더라도 적당한 게 좋겠죠? 이런 방법으로는 '백트래킹'이 있습니다. 마지막 문구를 반복, 요약하거나 주요 키워드를 다시 되뇌는 것을 말하죠. 백트래킹은 자신이 상대의 말에 집중하고 있음을 보여주는 효과적인 방법입니다. 연인들 사이에서 자주 볼 수 있죠. '진짜?'와 '그렇구나.'의 피드백만으로도 상대방의 말을 이끌 수 있습니다."

"가장 대표적인 백트래킹이 복명복창이었네요. 제가 이등병 시절에 선임이 지시한 내용이 맞는지 말끝마다 되뇌었던 게 이거였어요. 지시와는 다른 행동을 할까봐 항상 긴장하고 들었죠. 그게 맞는 지 확인하는 방법이 마지막 문구를 반복하는 거였고요."

"사회자나 토론진행자는 중간에서 상황이나 흐름을 정리해 패널들에게 알려주기도 합니다. 지금까지의 대화 내용을 참여자들이 이해하도록 요약하고 적극적인 토론을 유도하는 거죠."

"하지만 토론이라는 게 흔하지 않잖아요. 대화를 요약 정리하는 경우가 보통 일상과는 다르지 않나요?"

"그렇습니다. 매번 사람들이 100분 토론을 펼치지는 않아요. 제 요지는 대화전체를 보고 핵심을 짚으면서 내면도 이에 상응하는 변화가 있어야 한다는 거죠. 상대의 좋은 점을 발견하거나 스승처럼 대해보세요. 사람이라면 누구나 한 가지라도 배울 점이 있습니다. 백금률이 어려운 건 타인 입장에서 생각이 아닌 행동이 따라야 하기 때문이죠. 백트래킹이 겉으로 보이는 행동이라면 그에 걸맞은 마음의 움직임도 뒤따라야 해요."

"내가 싫은 건 남도 싫다는 거네요. 당연한 말 같아도 쉬운 일은 아닌 것 같아요."

"사람들은 음지보다 양지에 모이기 마련입니다. 심리적인 요인이에요. 식물도 스트레스를 받는데 동물이라면 말할 것도 없어요. 일례로 유명한 원숭이 애정 실험이 있었어요. 하나는 철사로 만든 인형, 다른 하나는 솜과 천으로 만든 원숭이 인형을 아기 원숭이에게 보여주었습니다. 두 인형 가슴속에는 젖병이 있었죠. 아기 원숭이들은 양쪽으로 나뉘어 인형의 젖을 빨았습니다. 그런데 다음 날부터 다른 양상이 나타났습니다. 원숭이들은 철사 인형은 외면한 채 솜 인형으로만 몰려들었다고 합니다. 날카롭고 차가운 것을 피하는 사람처럼 말이죠!"

"누구나 따뜻하고 부드러운 사람과 함께 하기를 원하겠죠. 제 말이 남에게 상처 준 건 아닌지 모르겠습니다. 다 제 업보겠죠. 앞으로는 신중히 말해야겠네요."

"입은 아무리 잘해도 실수하는 반면 귀는 아무리 못해도 실수하는 일이 없습니다. 뱉은 말은 부메랑이 되어 돌아온다고 하죠? 욕먹으면 오래 산다는데. 저는 입이 곧 생계라 실수를 많이 했을테니 장수하겠네요. 깔깔!"

"……"

08

이해하기 전에
일단 들어라

S강사는 다시 프린트물을 건넸다.

『설득의 심리학』의 저자 치알디니와 『어떻게 원하는 것을 얻는가?』의 저자 다이아몬드, 이 두 사람의 주장의 공통점은 3가지다. 첫째, 사람, 특히 상대방에게 집중한다. 둘째, 논리보다 감정과 관계를 중요하게 본다. 셋째, 다른 사람들에게 먼저 도움을 준다. 결론적으로 도움을 잘 주는 사람들은 상대방을 배려하고 관계가 좋기 마련이다. 이 도움을 치알디니는 '선물', 다이아몬드는 '감정적 지불'이라는 용어로 표현한다. 사람들은 평소에 자신을 도와주고 배려한 사람들에게 기꺼이 설득당하며 협상에서 합의하게 된다. 노자의 『도덕경』에는 "빼앗으려고 한다면 반드시 먼저 주어야 한다."라는 대목도 나온다.

… 치알디니 역시 설득의 '고수'들은 사람들에게 도움받기를 고민하기

전에 평소 먼저 도움을 줄 생각부터 한다고 했다. 다이아몬드 역시 '회사에서 인정받는 사람'들은 평소 자신의 직무와 관련 없는 다른 부서의 일까지도 도와주며, 결국 이것이 '인맥'을 강화해준다고 말하고 있다.' 9)

"다 읽으셨나요? 조금 전에 언급한 부메랑 관련 얘기를 하나 해드릴게요. 어떤 미국 사람이 실제로 겪은 이야기입니다. 그는 시골길을 차로 달리다 고장 난 차 때문에 고생하고 있는 사람을 도와주었어요. 도움 받은 사람이 돈으로 사례하려 하자 그는 다음에 다른 고장 난 차를 보면 도와주라고 말하며 떠났답니다. 2주 후 그의 아버지가 길 가던 중 타이어가 펑크나 곤경에 처하게 됐습니다. 그때 어떤 운전자가 수리해주며 2주일 전 어느 사람의 말대로 하는 거라고 했대요."

"선순환이네요. 선한 영향력이 퍼져나갔어요. 아버지가 아들 덕도 봤고요. 뭔가 훈훈하면서 의미심장하기도 해요."

"좋은 말 많이 하고 살면 좋은 말로 되받겠죠? 읽기 · 쓰기가 뗄 수 없는 관계처럼 듣기 · 말하기도 그렇기 때문에 이런 말씀드리는 겁니다. 저는 의도적으로 듣기 훈련을 해야 한다고 봐요."

"의도적인 듣기 훈련이라면 사람이 있는 곳에 일단 가야겠네요. 많을수록 좋겠고요."

"상황에 맞게 판단해야 할 겁니다. 사람이 많으면 모두가 납득할 만한
방식이어야 하구요. 인디언들은 회의할 때 '인디언 스틱'을 사용한다고 합
니다. 막대기를 쥔 사람만 발언권을 갖는 거죠. 누군가 막대기를 들고 이
야기하면 다른 사람은 도중에 끼어들거나 반론을 펼 수가 없습니다. 끝까
지 경청해야 하고 참석자 모두가 이해했을 때 막대기를 옆 사람에게 넘깁
니다."

"브레인스토밍이랑 비슷하네요. 아이디어 회의할 때 사용하면 유용할
것 같아요."

"서로 존중하는 분위기가 조성되면 참신한 아이디어나 대안 같은 게 서
슴없이 나옵니다. 사람은 1분에 약 150개 단어를 말할 수 있고 600개 정
도 단어를 들을 수 있다고 합니다. 탈무드는 귀가 두개인 이유를 두 배 더
들으라는 뜻으로 풀이하기도 했고요. 자! 이제 정리할 시간입니다. 한번
읽어보세요."

지한은 자료를 빠르게 스캔했다. 마지막이라는 그녀의 말에 남은 에너
지를 쥐어짜기로 했다.

'스위스의 유명 작가가 지적장애인을 위해 책을 낭독해달라는 요청을 받는다. 처음엔 글을 쉽게 다듬을까 망설이던 작가는 문화적 소양을 가진 청중 앞에서 하던 것과 똑같은 내용을 낭독한다. 그리고 놀라운 교훈을 얻는다. "나는 그들보다 더 집중해서 듣는 청중을 만난 적이 없다. 그들은 정말 귀를 기울였다. 어찌나 경청하는지 낭독하는 내가 그들의 '듣기'를 몸으로 느낄 정도였다. 나는 예정보다 오래 읽었고, 읽는 것이 즐거웠고, 내 이야기들을 다시 좋아하게 되었다." 페터 비히셀의 산문집에 실린 '이해하기보다 듣기'에 나오는 얘기다.

… 어쩌면 '듣기'란 '이해하기'보다 훨씬 높은 단계인지도 모른다. 결국 우리는 대단찮은 청중일 것이다. 언제나 성급하게 이해하려고 하니까. 이해하지 못한다는 사실을 인정해야만 우리는 진정으로 들을 수 있다.' 10)

지한은 S강사가 건네준 자료 중 가장 양질의 기사라고 생각했다. '이해하기보다 듣기'란 말이 가슴에 와닿았다. 그냥 들어줄 사람이 필요하다고 하소연 하는 것만 같았다. 세상에 외로운 사람이 얼마나 많던가. SNS나 유튜브, 관찰형 TV 프로그램 모두 관심을 소재로 다루지 않던가. 사실 가장 외로운 동물은 자기 자신일지도 모른다는 느낌이 들었다.

"자료 좋네요. 저는 감명 받은 책으로 루이 브라유 이야기를 꼽아요. 어려서부터 시각을 잃었지만 최초 점자체를 발명한 인물이었죠. 시각을 잃으면 청각, 촉각이 곤두서고 청각을 잃으면 입모양을 보기 위해 시각이 발달하고. 자세히는 모르겠지만 스위스 작가를 바라보던 청중이 그런 느낌이었을지도 모르겠네요."

"Live without seeing, but be what you are."

"보지 못하고 살되, 너 자신으로서 존재하라."

"지한 씨가 책 좋아하시는 것 같아서 추천 하나 해드릴게요. 『내가 알아야 할 모든 것은 이미 유치원에서 배웠다』입니다. 우리는 배려하는 마음을 이미 유치원에서 배웠습니다. 이 책에 나오는 교훈들은 지극히 평범한 거예요. '나누어 가져라, 다른 아이를 때리지 마, 물건은 제자리에 갖다 놔, 네가 더럽힌 것은 네가 닦아라, 네 것이 아닌 것을 가져가면 안 된다, 잘못했으면 잘못했다고 말해라, 음식을 먹기 전에 손을 씻어라.' 가장 단순하면서도 가치 있는 지식들이죠. 우리가 아이들에게 이 지침을 가르친다지만 정작 배워야 하는 건 어른인지도 모릅니다. 지한 씨는 나보다 남을 생각하는 '어른이'가 되었으면 합니다. 바쁘게 돌아가는 세상이라지만 베푸는 대로 받는다는 원칙은 변하지 않을 겁니다."

"전 아이들을 굉장히 좋아합니다. 배울 것도 많고요. 그래서 아이처럼 호기심 가진 눈으로 세상을 바라보고 있습니다."

"잘하고 계시는 겁니다. 성장하고 성공해서 베푸는 삶을 이루시길 기원합니다. 자, 이제 끝낼 시간입니다. 개성상인들에게 내려오는 속담이 있습니다. 따라해 보세요. 다 퍼주어 손해 보는 장사는 없다!"

'또 뭘 달라는 건가.'

"얼른 자신 있게!"

"다 퍼주어 손해 보는 장사는 없다!"

"지한 씨는 할 수 있습니다!"

듣기 (Listening)

언어	글	읽기 (Reading)	기호	입력	읽기 (Reading)
		쓰기 (Writing)			듣기 (Listening)
	말	듣기 (Listening)		출력	쓰기 (Writing)
		말하기 (Speaking)			말하기 (Speaking)

　읽기와 듣기는 모순이 있다. 언어로 접근하면 글과 말로 영역이 나뉜다. 기호로 접근하면 둘 다 입력 기능을 한다. 따라서 입출력 순환 구조를 갖추기 힘들다. 결론적으로 듣기는 타인이 필요하다. 듣기가 중요한 이유는 타성이 없으면 절대 기능할 수 없기 때문이다. 가령 읽기와 듣기의 상호작용은 강의를 시청하는 상황에서 발생한다. 피교육자는 눈과 귀로 교육자의 상태와 말을 듣지만 모두 입력정보다. 교육자 생각을 정리한 지식이다. 따라서 자신의 생각과 매치하려면 무작정 받아 적는 것보다 자신이 모르거나 애매한 부분 혹은 전체적인 교육자가 말한 의도나 의미를 단어로 필기하는 게 좋다.

큐빅리딩 듣기의 핵심가치는 '관계'다. 듣기는 자신이 세상과 얼마나 닿아 있는지 확인하는 과정이다. 살아 있는 생명이나 타인이 없다면 관계는 이뤄질 수 없다. 자연과 생명 심지어 무생물까지 기호를 언어로 해석할 때, 모든 영역을 넘나들 수 있다. 일반적으로 역지사지와 은유(메타포)를 통해 자유롭게 표현할 수 있다. 은유는 이상과 현실의 경계를 허무는 기술이다. 일반적으로 A=B라는 공식에 원하는 단어를 대입하고 증명한다. 텍스트 기능으로 한정할 수 있으나 구현하는 건 또 다른 문제다.

모든 책은 과거이면서 역사다. 일반적으로 역사는 텍스트를 나열한 지식이다. 근현대사를 살아온 부모는 당시대의 산증인이다. 나아가 조부모의 삶까지 듣는다면 현실은 교과서와 차이가 있다는 것을 깨닫는다. 그들의 배경을 이해하는데 초점을 맞춘다면 세대차를 극복하는데 도움이 될 수 있다. 아날로그에서 환경일수록 자신에게 집중하고 디지털 환경일수록 타인에게 휘둘린다는 게 내 생각이다. 각각 장단점이 있지만 적절한 조화를 모색하려면 서로의 생각을 들어봐야 한다.

독서 모임에 적극적으로 참여하는 것도 방법이다. 책을 읽고 자신이 생각한 게 어떤지 타인을 통해 확인할 수 있다. 상대방에게 의견을 피력하고 피드백 받아보자. 산발된 지식을 정리하거나 새로운 지식을 얻는 기회를 가질 수도 있다. 자기가 알고 있는 지식이 옳고 그른지, 어느 정도 다른지를 파악할 수 있다. 사람을 많이 만나고 대화할수록 다름을 인정해야 한다는 사실을 알 수 있다.

이청득심

아는 것만 들린다

아는 것만 보인다는 말은 보이는 게 다가 아니라는 말과 같다. 이런 표현은 단순 지식이 아닌 축적된 경험을 실생활에 활용하는 과정에서 나온다. 독서는 지식을 터득할 수 있는 매개체다. 특히 장소에 구애받지 않고 경험을 효율적으로 줄일 수 있는 간접 수단이다. 그렇다고 간접 경험이 고스란히 내 것이 될 수 없다. 직접 경험과는 분명 차이가 있으며 이 오차를 좁히는 과정이 우리가 학습하는 목적이다.

확증편향은 자기가 아는 것이 진실이고 객관적이라고 믿는 현상이다. 믿음에서 벗어나는 지식은 마음을 불편하게 만든다. 이를 두고 심리학에서는 인지부조화라고 한다. 현실과 이상의 괴리를 부정하고 자기 합리화한다. 결국 불일치를 제거함으로써 합리적인 결론보다 정신승리를 택한다. 이 상태라면 오차는 더욱 벌어진다.

사람은 눈과 귀를 통해 새로운 지식을 입력한다. 입력한 지식은 실천할 때 출력한다. 결과는 사람들마다 제각각이다. 상황과 대처능력이 다르기 때문이다. 지혜로운 사고는 변수를 어떻게 극복하는가에 달려있다. 보고 싶은 것만 보는 것처럼 듣고 싶은 것만 듣는 사고방식을 탈피해보자.

통념을 깨는 독서를 하라

사람들은 사회가 정해놓은 틀에 자신을 속박하는 경우가 많다. 문제는 보편성의 기준이다. 보편을 무조건 지켜야 할 법처럼 내세울 때 발생한다. 간혹 객관과 주관, 내향과 외향적 기준을 단정 지어 말하는 사람들이 있다. 객관화 논리에 파묻히면 모난 삶을 살 수 있다. 너무 주관적이면 자기밖에 몰라서 남에게 피해를 줄 수 있다. 개인적인 경험이나 지식, 통계 수치가 반드시 삶의 기준이 될 수는 없다. 무엇이든 적당한 게 좋다. 여지는 두되 타인에게 피해는 주지 말아야 한다.

긴 글을 읽어라

안다는 전제로 글을 읽으면 편향적인 사고에 사로잡힐 수 있다. 일례로 쥐는 전기 충격으로 쾌락중추를 자극시키면 죽어가는 줄도 모르고 레버를 계속 누른다. 이러한 현상을 '도파민 러시'라고 한다. 요즘 블로그나 소셜 미디어에 짧게 올리는 재탕 글이 만연하다. 원문이나 출처를 확인하지 않은 채 짜깁기한 단문을 곧이곧대로 흡수한다. 편의 덕에 읽기 능력은 날이 갈수록 퇴색하고 있다. 어느 정도는 조사하고 공부해야 비판적 사고가 가능하다.

통으로 읽어라

지식은 쌓이면서 자연스럽게 순환한다. 기준은 근거와 이유로 두텁게 세워진다. 사람은 개별적 부분의 조합이 아니다. 그 이상으로 전체적인 삶을 살아간다. 비트겐슈타인이 말하는 단어를 안다는 것은 '언어를 사용하는 사람의 총체적 상황을 안다'는 것을 의미한다. 책은 단어의 조합이다. 전체를 읽어야 저자가 쓴 단어의 의미를 알 수 있다. 나아가 다른 책과 의미를 연결한다면 새로운 관점으로 세상을 바라볼 수 있다. 양질의 책은 가능한 끝까지 봐야 하는 이유다.

지행합일하라

정조는 지행합일을 두고 진실로 아는 것이라 했다. 아는 것을 써먹지 않으면 행동에 부족함이 생긴다. 오늘날 과학의 발전으로 인해 이러한 점을 밝히려는 시도가 활발하다. 뇌 과학에서 말하는 '메타인지'는 아는 것과 모르는 것을 정확히 구분할 줄 아는 것이다. 모르는 것을 아는 것도 아는 것, 모르는 것을 구분할 때 가능하다. 텍스트로 이루어진 책을 읽었다고 안다고 말하는 건 주제 넘는 행동일 수 있다. 실상 세상은 모르는 것 천지이기 때문이다.

독서는 더 나은 가치를 찾아가는 삶의 여정이다. 지식인이나 학자로부터 깨달음을 얻을 수는 있지만 누구나 같은 입장이 아니다. 동물과 사람을 구분하듯, 사람도 사람마다 다르기 때문이다. 통찰을 제시하는 지식인은 분야를 막론하고 전방위적으로 얘기한다. 사회와 문화를 얘기하는가 하면 과학과 연결하고 경제적 흐름에 따라 정치와 연관 짓는다. 딱히 정해진 답은 없다. 이들처럼 활용할 때, 현실은 텍스트와 다르다는 것을 깨닫는다.

오늘날 사람들은 무료 어플리케이션을 다운받고 개인정보를 업체에 넘긴다. 중국의 왕서방들은 내 개인정보를 가지고 있다고 한다. 가르쳐주지도 않은 전화번호로 연락이 오고 메일이 오는 것을 보면 새삼 실감한다. 나도 나를 잘 모르지만 어쩌면 그들이 나를 더욱 잘 알지도 모르겠다. 처음부터 아무것도 모른다고 생각하는 게 마음 편할지도 모른다. 배우는 자세라면 말이다.

인생 책과 한 챕터에 집중하라

책에는 정답이 없다. 권장도서나 필독도서가 있다지만 나이에 맞게 반드시 읽어야 할 책은 존재하지 않는다. 대상이 아이들이라면 책을 자주 접하는지, 제대로 읽는지를 따져볼 일이다. 부모가 독서를 강요할 경우 아이들은 예상치 못한 답변을 내놓는다. 자녀는 독서하지 않는 부모를 보고 독서의 필요성을 크게 느끼지 않는다. 오히려 부모에게 읽었다고 거짓말을 한다.

성인도 마찬가지다. 모든 책은 살아가는 데 필요한 참고용이다. 안 읽는 사람이라고 비하할 일이 아니다. 책 한 권 읽지 않아도 잘 살아가는 사람은 많다. 다만 아쉽게도 '이걸 진작 알았더라면'이라고 할 만한 정보가 웬만하면 책에 담겨 있다. 비독서가는 책을 남 얘기로 여기지 않는다면 후회할 만한 일을 피할 가능성이 있다. 독서가인 현대인이라도 적절한 활용을 도모해야 한다. 옛 선현들보다 많은 책을 읽을 수 있는 유리한 환경이라는 점, 그리고 그들보다 더 많이 읽었다는 사실을 깨달아야 한다. 자신에게 적합한 독서를 지향해보자. 인생을 동반할 책을 직접 찾아보자.

인생 책을 선정하라

나만의 참고도서를 만들어야 한다. 살아가면서 두고두고 들춰볼 책, 좋은 책과 나쁜 책 기준도 자신이다. 감흥이 없거나 짜깁기로만 이뤄진 책, 홍보하기 위한 책 유무를 모든 사람이 똑같이 느낄 수는 없다. 실제로 혹평이 난무하는 책에 감동을 느끼는 사람이 있다. 베스트셀러나 고전도 각자 생각하는 바가 다르다. 독서가들은 고전에서 그 해답을 찾으라고 한다. 하지만 어렵고 유명해서 인생 책으로 선정하는 경우도 있다. 그렇다고 남 기준에 휘둘릴 필요는 없다.

반복해서 읽어라

처음이지만 끝까지 읽은 책은 두 번째부터 읽기가 수월하다. 법 공부할 때 개론(숲)에서 각론(나무)으로 넘어가는 방식이 있다. 전체적인 흐름(목차)을 파악하는 게 중요하다. 읽다가 모르는 게 나오더라도 넘어가는 유연함이 필요하다. 한 개의 조문(한 꼭지)을 완벽하게 알고 넘어가는 건 나중일이다. 우선 전체적인 흐름을 파악하고 회독수를 늘리면서 조문과 단어를 각개격파 해야 한다. 보통 인생 책은 자기역량보다 어려운 책을 선정한다는 게 내 생각이다. 인내한 시간이 길수록 큰 성취와 깨달음을 주기 때문이다. 수준에 맞는 책을 선정하는 것은 좋다. 하지만 어려운 책에 도전하는 것도 하나의 방법이다. 쉬울수록 어렵게, 어려울수록 쉽게 생각해야 한다.

한 챕터에 집중하라

깨달음을 얻었거나 공감을 이끌었던 챕터로 돌아가 보자. 이런 챕터가 많을수록 좋은 책이다. 최종적으로는 내 것을 만들기 위함이다. 이 작업의 목적은 애매해서 반드시 이해가 필요한 부분, 되새길 부분, 써먹을만한 부분의 선별이다. 따라서 포스트잇이나 메모, 필사하여 언제든지 찾아볼 준비가 돼 있어야 한다. 잊지 말아야 할 사실은 작가를 치켜세우기보다는 자신이 어떻게 활용할지 고민해야 한다. 누가 뭐라고 해도 자신이 고른 인생 책에 핵심이 담겨 있기 때문이다.

독서는 시험이 아니라서 외울 필요는 없다. 그래도 자꾸 들여다볼 만한 책은 분명 있다. 시각 자료가 많은 책, 목차를 보고 찾아가는 책, 공감을 불러일으키거나 언제든지 덮을 수 있는 책이 존재한다. 연령별, 성별, 직업, 취향별 모두 다를 것이다. 눈이 익숙해지고 말을 뱉거나 쓰는 게 자연스러워질 때 체득한다. 핵심을 쌓아두고 반복할 때 습관을 형성한다. 모두 읽어가면서 가려낼 일이다.

구구단을 외우던 시절을 돌이켜보면 이해하기보다는 기계적으로 시작한다. 서로 노래처럼 부르면서 입에 붙고 자연스럽게 습득한다. 인생 책도 만들어갈 일이다. 직접 찾고 반복하여 내 것으로 만들어라. 열 번 스무 번 읽어도 좋은 책이 인생 책이다. 읽을 때마다 새로운 책이 평생 함께할 동반자다.

누가 대신 책을 읽어준다면

생계와 훈육, 독서가 중요하다지만 모두 할 수 없는 것이 사실이다. 조사에 따르면 초등학생 90%가 독서를 한다. 아이들 대부분은 읽고 쓰는 것을 싫어한다. 부모는 학원, 학습지, 과외선생을 고용한다. 그들 입장에서는 바쁜 여건에 돈을 들여 고용한 전문가다. 시험 결과를 가지고 책임을 떠넘기기에 딱 좋다. 음성지원 가능한 앱을 활용하기도 한다. 하지만 이것마저 미봉책에 불과한 경우가 많다. 결론적으로는 직접 독서지도에 나서지 않고 회피한다. 더 큰 문제는 아이들이 성인이 되어 독서를 기피한다. 유년시절 억지로 등 떠밀려 시작한 독서이기 때문이다.

최고의 독서교육은 부모가 자식에게 묵묵히 책 읽는 모습을 직접 보여주는 일이다. 부모와 자식이 함께 공부하는 자리는 상호작용을 활발하게 한다. 책을 읽어주는 방법도 있다. 부모는 읽기 전에 미리 아이들에게 모르는 단어가 나오면 질문하라고 일러둔다. 아이들은 부모육성을 듣고 귀로 입력한다. 모르는 단어가 나오면 그때그때 질문한다. 부모는 그 단어의 정의뿐만 아니라 그 단어가 쓰이는 용례를 가르친다.

반대로 아이가 책을 낭독하면 부모는 자녀의 육성을 듣고 아이에게 필요한 부분을 질문할 수 있다. 가능한 사전적 정의보다는 아이가 생각하는 단어의 정의를 말하라고 유도한다. 엇나간 정의는 잡아주고 잡혀있으면 쓰임을 알려준다. 모르는 단어를 하나씩 잡아가면서 문장을 익히고 문단의 의미, 글의 맥락을 이해하게끔 확장한다. 부모는 성급하게 아이에게 아직 인내심을 기대해서는 안 된다. 아이들은 모르는 단어가 연속으로 나오면 읽기를 포기하는 나이다.

독서지도는 참교육을 할 수 있는 값진 도구다. 특히 부모는 책으로 대화하면서 아이가 어느 분야에 관심 있고 좋아하는지 파악할 수 있다. 보통 저학년일수록 단어의 뜻과 쓰임을 헷갈려한다. 아직까지 아이들에게는 정립되지 않은 산발한 지식이기 때문이다. 경험하지 않은 건 당연하거니와 읽거나 듣기만 했을 뿐 말하거나 써보지 않았다. 그렇다고 독서교육을 가정 내에서만 한정할 일이 아니다. 독서 지도는 누구든지 어디서든 할 수 있다. 책 읽기 모임이나 사내 모임에서 만들어갈 일이다. 몇 가지 방법을 통해 알맞은 자녀 독서 방법을 찾아가보자.

미리 읽어라

본격적으로 독서 지도할 준비를 해야 한다. 부모는 동화책이나 위인전, 우화도 직접 읽어보는 게 좋다. 아이 수준 책이라고 무시하면 안 된다. 간혹 다른 의미를 내포하거나 어려운 어휘를 쓰는 책도 많다. 전체를 미리 파악하고 준비한다면 아이가 물어볼 때 깊게 대화할 수 있다. 처음부터 읽지 않은 내용을 토론하면 답답함에 부모가 먼저 포기하는 경우가 많다. 힘들어도 30분만 미리 할애하도록 하자. 부모가 먼저 준비하지 않는다면 시간에 쫓겨 시늉만 하게 되는 경우가 빈번하게 발생한다.

공통규칙을 정하라

중요한 사실은 부모자식 모두에게 적용해야 한다. 자식에게 제재를 가하면 부모 스스로도 그에 상응하는 제한을 정하고 따라야 한다. '어른이니까'라는 말은 핑계에 불과하다. 자식은 자기만 해야 하는 숙제처럼 여기고 억울해한다. 그리고 부모만 누릴 수 있는 특혜로 여긴다. 무서운 건 아이들은 이런 상황을 역이용해 부모의 약점을 관찰한다. 생존을 위한 발악과 인정을 동시에 받고 싶어 한다. 따라서 시간과 분량, 아는 것과 모르는 것, 질문하는 적정 시기 등을 아이 입장에 맞춰 정해보자. 제대로 틀이 잡힌다면 부모자식 모두 규칙적인 독서 시간을 가질 수 있다.

독서를 수단으로 여기지 말라

조건을 걸지 말아야 한다. 예를 들어 독서 30분하면 유튜브 시청 1시간이다. 이때 아이들은 유튜브를 보기위해 마지못해 30분이라는 시간을 때운다. 처음에는 잘 따라올지 몰라도 이런 상황을 반복한다면 아이들 머릿속은 유튜브로 가득하다. 독서는 유튜브를 보기 위한 수단으로 여긴다. 그리고 부모에게 잘 보이고 싶거나 혼나기 싫어 거짓말을 한다. 알다시피 거짓말은 그 말을 진실로 만들기 위해 수많은 거짓말을 낳는다. 따라서 중요한 일을 목적으로 돌리는 게 관건이다. 부모는 자녀가 독서하기를 원한다면 독서를 수단으로 만들지 말아야 한다. 애초에 부모가 독서를 하지 않는다면 자식에게 시키는 것 자체가 강요다. 아이가 생존하기 위한 감시는 상상을 초월한다.

번갈아가면서 읽어라

부모자녀가 모두 참여의식을 느껴야 한다. 부모가 한 쪽씩 읽는지 한 단락씩 읽는지는 중요하지 않다. 핵심은 부모에서부터 아이에게로 읽는 부분을 조금씩 늘려주는 일이다. 부모는 아이가 자발적으로 실천하고 습관 들게끔 한다. 책을 중심으로 즐거운 분위기를 형성하는 게 중요하다. 책을 곁에 두고 할 수 있는 일은 많다. 다양한 게임을 병행해서 진행하면 아이가 지루해하지 않는다. 읽기 능력이 떨어진다면 책 놀이를 하는 것도 방법이다. 책을 쌓거나 찢고 오리거나 낙서해도 좋다. 부모자식 모두가 육체, 정신적 소모를 분담하는 일이다. 스스로 읽어가게끔 독서 습관을 잡아주는 일이기 때문에 단계에 맞춰 공들일 필요가 있다.

알베르토 망구엘은 4년이라는 기간 동안 작가이자 도서관장이었던 장님 보르헤스에게 책을 읽어주었다. 놀라운 사실은 책을 계속 읽거나 멈추기를 지시했던 건 보르헤스였다. 논평을 위한 참견과 어휘를 불러내는 일도 모두 그였다. 망구엘은 보르헤스의 의식 세계에는 인식되지 않는 존재였다. 이런 경험을 통해 망구엘은 '독서는 누적적이고 등비급수적으로 진행된다'는 사실을 깨달았다고 한다. 눈여겨 볼만한 점은, 시력을 잃은 장님이지만 독서를 위해 읽어줄 사람을 찾는다는 사실, 보르헤스의 눈 역할을 망구엘이 대신한다는 사실이다. 무엇이든 능동적으로 했을 때 악조건을 이겨낸다.

칼 세이건은 별을 통해 공상과학 책에 빠져들고 세계적인 천문학자가 되었다. 장하석 석좌교수는 어렸을 때 『코스모스』를 읽은 것이 과학을 사랑하는 계기가 되었다고 한다. 이처럼 계기는 예상치 못한 곳에서 만들어질 수 있다. 계기가 계기를 타고 넘어 누군가의 꿈이 된다. 서로 책을 읽어주고 들어주는 일은 그 계기를 의도적으로 만들어가는 행위다. 책은 인종, 성별, 나이를 가리지 않는다. 사람이 책을 가릴 뿐이다.

지금의 부모를 보면 중년에서 노년으로 넘어가는 시기가 유년으로 다시 돌아가는 과정인 것 같다. 부모는 세상에 때 묻지 않은 손자를 보면서 자식을 돌아본다. 그동안 자식에게 못 해줬던 것을 세상 물정 모르는 손자에게 베푸는 게 부모 마음인 것 같다. 오히려 나는 아버지 훈계와 어머니 잔소리가 그리울까 봐 두렵다. 후회를 피하기 위해 조카에게 더 잘해주고 싶은 건지도 모른다. 언젠가는 이 대열을 피할 수 없는 게 인생인 것 같다. 나이를 짊어질수록 누군가 나를 위해 들려주는 목소리가 그리울 것 같다.

책을 읽어주던 어린 시절을 그리워하며 지금도 누군가는 원하고 있는지 모른다. 듣고 싶어 하는 사람처럼 읽어주고 싶어 하는 사람도 있을 것이다. 염원이 영원이 되어 그들이 책으로 이어졌으면 한다.

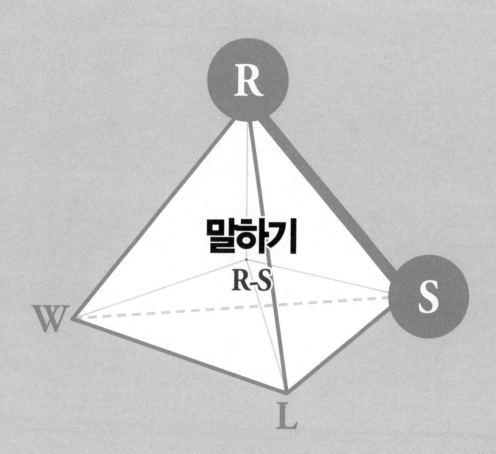

4장

말하기

R-S

R

S

W

L

말 잘하기
VS 잘 말하기

'지한 씨! 오늘 10시에 뵙기로 했지요? 그런데 몸이 말썽을 부려 밤새 고생 좀 했네요. 그래서 오늘 수업이 어려울 것 같습니다. 다시 일정을 잡 았으면 해요. 다음 주 토요일 시간 괜찮으세요? 메일로 자료 하나 보내드 렸으니 읽어보시고 다음 시간에 의견 나누었으면 합니다. 답변 주세요.'

지한은 S강사의 스케줄에 맞추기로 했다. 어제 성심성의껏 가르치던 그녀를 생각하니 거부할 수 없었다. 게다가 갱년기를 겪은 어머니 모습을 지켜봐왔다. 그녀 나이는 어머니보다 적었지만 가능한 그녀를 이해하려 했다. 아쉬운 마음에 다음 주로 미루자고 답장을 보냈다.

'강사님, 걱정 마시고 푹 쉬세요. 다음 주 토요일에 뵙겠습니다.'

좋은 게 좋은 거라고 여긴 지한이다. 어차피 할 일도 많았다. L기자가 검토한 목차에 듣기를 추가했다. 듣기는 독서법에서 거리감 있는 목차 같았지만 큐빅리딩에는 반드시 필요한 부분이었다. 나머지 말하기 영역은 S강사에게 만난 후 채우기로 결정했다. 부족해 보이는 콘텐츠였지만 그래도 여기까지 온 게 만족스러웠다. 그렇다고 L기자의 조언을 무시할 수는 없었다. 기초가 부족한 원고를 다듬고 추가적인 생산을 고려했다. 로직에서 벗어나는 글을 막기 위해 전체적인 뼈대를 재구성했다. S강사에게 배운 듣기개념도 정리할 시간이 필요했다. 소통에 중점을 두고 출간 후 만날 독자와 청중을 상상하며 준비 작업에 들어갔다. 어깨에 힘 빼고 멀리 내다보는 안목을 갖추기로 했다.

첨삭과 퇴고가 반복되는 강행군 속에 S강사와의 약속은 가까워지고 있었다. 정신없이 보낸 일정에 S강사가 보낸 메일은 까마득하게 잊고 있었다. 하마터면 스팸메일에 밀려나 내용을 확인하지 못할 뻔 했다. 첨부파일을 클릭하니 피천득 수필 '이야기'가 첨부돼 있었다.

"나는 말주변이 없어." 하는 말은 "나는 무식한 사람이다. 둔한 사람이다." 하는 소리다. 화제의 빈곤은, 경험의 빈곤, 감정의 빈곤을 의미하는 것이요. 말솜씨가 없다는 것은 그 원인 불투명한 사고방식에 있다. 말을 할 줄 모르는 사람은 후진국가가 아니고는 사회적 지도자가 될 수 없다. 진부한 어구, 애매한 수식어, 패러그래프 하나 구성할 수 없는 지도자! 수도에서 물이 쏟아지듯이 말이 연달아 나오지마는, 그 내용이야말로 수돗물같이 무미할 때 정말 정나미 떨어진다. 케네디를 케네디로 만든 것은 무엇보다도 그의 말이다. 소크라테스, 플라톤, 공자 같은 성인들도 말을 잘하였기 때문에 그들의 사상이 전파 계승된 것이다. 덕행에 있어서 그들만 한 사람이 있었을 것이나, 그들과 같이 말을 할 줄 몰라서 역사에 자취를 남기지 못한 것이다. 결국 위인은 말을 잘하는 사람이 아닌가 한다.'

지한은 언어의 힘을 다시 한 번 느꼈다. 인문서적을 보면 그들을 위인으로 만든 것은 제자들이었다. 춘추전국시대에 세상을 바꾸기 위해 나온 제자백가, 로마 부흥의 토대가 된 그리스 신화 모두 글과 말이 전파되었기 때문에 지금 우리가 접할 수 있지 않은가. 말을 문자로 옮기고 문자를 현상으로 일궈내는 모습은 우리네 사는 모습과 유사하다 못해 일치했다.

'스승에게 배우면서 나도 누군가의 스승이 되겠지.'

지한은 S강사에게 문자를 보냈다.

'강사님. 요즘 정신이 없다보니 보내주신 자료 이제야 읽었네요. 무리하지는 마시고요. 토요일 밝은 모습으로 다시 뵙겠습니다. 감사합니다.'

문자 보낸 지 얼마 되지 않아 S강사로부터 답변이 왔다.

'지한 씨가 신경써주신 덕분에 빨리 나을 수 있었나 봐요. 다시 한 번 메일 확인해주시고요. 모레 뵙겠습니다. 감사합니다.'

도착한 지 5분도 채 되지 않은 메일이었다. S강사가 미리 준비한 자료임을 알 수 있었다. 수신함을 확인하니 첨부파일이 하나 있었다.

'지한 씨! 잘 읽어보셨나요? 흔히 뚫린 게 입이라고 누구나 말을 잘한다고 생각합니다. 하지만 '말 잘하는 사람'은 많은 반면 '잘 말하는 사람'은 그다지 많지 않습니다. 비즈니스를 한마디로 표현하라면 '설득 커뮤니케이션'이라고 할 수 있습니다. 직장인이 출근해서 하는 일은 주변 사람을 설득해가는 과정이나 다름없지요. 여기서 설득이라는 단어를 보겠습니다. 액면 그대로 풀어보면 설명해서 '득'이 되어야 한다는 겁니다. 그런데 자칫하면 '독'이 될 수도 있습니다. 말을 했는데 득이 안 되고 독이 되면 안 하느니만 못한 일이죠. 득과 독은 '점' 하나 차이입니다. 결국 말 잘하는 것과 잘 말하는 것도 이 점 하나 차이라는 겁니다.

재미있는 예화 2가지를 소개하겠습니다.

'황희 정승이 혈기왕성하던 젊은 시절에 들길을 가다 나무 그늘에서 잠시 쉬고 있는데, 한 농부가 소 두 마리로 밭을 가는 모습이 눈에 들어왔다. 한 마리는 누런 소고 다른 한 마리는 검은 소였다. 문득 궁금증이 생긴 황희는 농부에게 '황소와 검은 소 중 어느 소가 일을 더 잘합니까?'하고 큰 소리로 물었다. 그러자 농부가 쟁기를 세우고 밭에서 나오더니 황희를 멀리 떨어진 곳까지 데리고 가서는 아주 작은 귓속말로 '누런 소가 훨씬 일을 잘합니다. 검은 소는 일도 못하면서 꾀를 부립니다.' 하고 말했다. 황희는 이상해서 '왜 이 먼 곳까지 와서 귓속말을 하십니까?' 하고 물었다. 이에 농부는 '아무리 짐승이라도 저에 대한 이야기는 알아듣습니다. 저 잘못한다는 말을 듣고 좋아할 짐승이 어디 있겠습니까?' 하고 말했다. 황희는 밭가는 농부의 말에 크게 깨달았고, 이후로 집안 노비에게도 말을 함부로 하지 않을 정도로 언행을 조심해 영의정에까지 오르는 큰 인물이 되었다고 한다.'

'옛날에 백정은 천한 신분이었다. 나이가 아무리 많아도 천대받기 일쑤였다. 어느 날 양반 둘이 백정이 낸 푸줏간에 고기를 사러 갔는데, 한 양반은 다짜고짜 이름을 부르며 "야, 상길아. 여기 고기 한 근 다오."라고했다. 그런데 다른 한 양반은 자기보다 나이가 많은 사람에게 반말하기가 거북해서 점잖은 말로 "박 서방, 나도 한 근 주시게."라고 했다. 잠시 후 푸줏간 주인이 고기를 건네는데, 반말을 한 양반의 고기보다 점잖은 양반의 고기가 2배는 되는 것 같았다. 먼저 주문한 양반이 화를 내며 소리 쳤다. "이놈아, 같은 한 근인데 이 사람 것은 크고, 내 것은 어째 작으냐?" 그러자 "예, 손님 고기는 상길이란 놈이 자른 것이고, 이 어르신 고기는 박 서방이 잘랐습니다." 하고 푸줏간 주인이 대답했다.' 11)

　　이처럼 남을 죽일 수도 살릴 수도 있는 게 말입니다. 속담에 '아' 다르고 '어' 다르다는 말이 있죠. '가는 말이 고와야 오는 말이 곱다'는 말도 있고요. 핵심은 상대 입장에서 이야기하라는 겁니다. 직설적인 표현보다는 포장 기술이 필요하다는 것이죠. '말 잘하기'와 '잘 말하기'에 대한 생각을 해보시기 바랍니다.'

02

고민할 시간에
물어봐라

토요일 오전, S강사는 미리 나와 강의 준비를 하고 있었다. 그녀는 밝은 얼굴로 지한을 맞았다.

"지한 씨! 어서 와요. 우선 약속 못 지켜서 미안합니다. 대신 오늘은 더 열심히 하겠습니다. 제가 보낸 자료는 읽어보셨나요?"

"재미있던데요. 누런 소와 박 서방이 되기로 마음먹었습니다."

"잘 이해하셨군요. 수업에 앞서 오바마 대통령 에피소드 하나를 얘기할까 합니다. 몇 년 전 우리나라에서 개최된 G20 폐막식에서 오바마에게 질문하는 시간이 있었습니다. 당시 우리나라 기자는 단 한 명도 질문하지 못했어요. 그래서 오바마는 개최국인 한국 기자들에게 특별히 질문 기회를 주고자 했지요. 그런데 기자들은 서로 눈치만 볼 뿐 아무도 손을 들지 않았습니다. 이 침묵이 한국 기자들의 짧은 영어 실력 때문이라고 생각했는지 오바마는 '한국어로 질문하면 통역이 준비되어 있다.'라고까지 했습니다. 그러자 이 침묵을 깨고 나선 기자가 있었습니다. 어느 나라 기자였을까요?"

"어디서 들어본 얘기인 듯한데. 일본 기자인가요?"

"중국 기자였습니다. 그런데도 오바마 대통령은 여전히 한국 기자에게 질문권을 주고 싶다며 중국 기자를 제지했습니다. 그러자 중국 기자는 다시 '한국 기자들에게 제가 대신 질문해도 되는지 물어보면 어떨까요?'라며 집요하게 물고 늘어졌습니다. 이런 상황에 당황한 오바마 대통령은 몇 번씩이나 기자석을 바라보며 한국 기자들에게 'No takers?'(질문할 사람 없습니까?)'라고 물었습니다. 한국 기자들은 아무도 손을 들지 않았습니다. 이 장면은 EBS 다큐프라임 〈왜 우리는 대학을 가는가〉 5부 '말문을 터라' 편에서 방송되면서 더욱 화제가 되었습니다."[12]

"부끄러운 일이네요. EBS가 성찰할 기회를 줬군요. 집에 가서 한번 찾아봐야겠어요."

"저는 10년째 대학에서 강의하고 있습니다. 재미있는 건 우리나라 학생들은 질문을 안 한다는 겁니다. 한 학기 내내 거의 질문을 안 합니다. 그렇다 보니 사회에 나와서 말을 잘할 수도 없고 나아가 잘 말할 수도 없는 노릇이죠."

"왜 이런 현상이 벌어질까요?"

"우리 사회는 질문하는 사람을 바보로 만들기 때문입니다. '그것도 모르냐?'라거나 '토 달지 마라', '시끄럽다'와 같이 눈치 보는 문화가 형성돼 있습니다. 심지어 질문을 안 할 때조차 마찬가지죠. 대부분 유아 시기에는 질문을 입에 달고 살지요? 때로는 부모가 귀찮아할 정도로 많이 합니다. 그런데 어느 순간부터 아이들은 이런 호기심 가득한 질문을 안 합니다. 궁금해서 부모에게 물어봤는데 일방적으로 혼이 납니다. 나중에 실수하지 않기 위해 질문하는 건데 말이죠. 이렇다 보니 질문이 사라지는 건 당연한 결과가 아닐까요?"

"어린 시절에는 부모님이 슈퍼맨인 줄 알았지만 지금은 아니라는 것을 알고 있어요. 대부분 커가면서 자연스럽게 알게 되는 것 같아요. 정작 부모님도 이 사실을 알고 있지만 자식에게 모른다고 하기에는 체면 구기는 일이 될 수도 있다는 생각이 드네요. 자존심이 허락하지 않는 면도 있는 것 같고요."

"세상 모든 지식을 아는 사람도, 알 수 있는 방법도 없습니다. 솔직하게 말하면 되는데 그렇지 못한 건 유교적인 수직 문화가 크게 작용하는 것 같습니다. 이름부터 수평으로 부르는 서구 문화와는 다르죠. 언어는 쓰는 형태에 따라 문화도 바뀝니다. 하지만 질문이 없거나 눈치 주는 문화라면 생각을 낳지 못하는 건 당연한 일 아닐까요?"

"저는 성격상 아는 체하거나 눈치 보는 것보다 물어보는 타입이에요. 모르는 건 부끄러운 게 아니라고 생각합니다. 모르는 줄 알면서도 알려고 노력하지 않는 게 스스로를 부끄럽게 만드는 것 같아요."

큐빅리딩

03

읽기 쓰기부터
말하라

"강사님, 대안이 없을까요? 말문이라도 열어야 잘 말할 수 있잖아요?"

"얼마 전 S대 모의 면접관으로 나간 적 있습니다. 학생들은 나름 준비를 해왔더군요. 그런데 면접관이 질문하면 얼굴이 붉어지거나 당황하는 학생들이 많았습니다. 이런 모습을 보고 참 안타까웠습니다. 말한다는 건 아나운서나 쇼 호스트처럼 유창하게 좋은 목소리로 맛깔스럽게 하는 게 아닙니다. 자신의 의견을 통해 상대방을 설득하는 과정이거든요."

"모두 강사님처럼 말할 수는 없죠. 한때 저도 면접을 봤습니다만, 남 앞에서 말하는 게 결코 쉬운 일은 아닌 것 같아요. 따로 하시는 방법이 있으면 알려주세요."

"모의 면접장에서 피드백 했던 경험을 토대로 말씀드릴게요. 사실 말이라는 건 자기 생각을 입을 통해 전달하는 겁니다. 그런데 이 작업이 잘 안 되는 학생들의 공통점이 있었습니다. 대부분 면접장에서 횡설수설만 한다는 겁니다. 본질은 모르고 말만 잘하려고 한다는 거죠. 그들은 겉멋에 치중하고 있었습니다. 물론 좋은 목소리에 수려한 단어로 말하면 금상첨화입니다. 하지만 잘 말하는 건 일종의 스킬이 아니라 이해와 공감이 필요한 설득 작업입니다."

"말 잘하기와 잘 말하기 차이가 그런 거였네요."

문득 지한은 L기자가 떠올랐다. 그가 말한 글은 S강사가 언급한 말과 크게 다르지 않았다. 논리적인 설득 작업은 상대방의 이해와 공감을 얻는 일이었다. 쓰기와 말하기가 크게 다르지 않다는 것을 다시 한 번 확인할 수 있었다.

"말 잘하기가 일반인 영역이라면 잘 말하기는 전문가 영역이라는 겁니다. 쉽게 말해 마이너리그와 메이저리그라고 할 수 있습니다. 그래서 처음부터 잘 말하기를 익혀야 합니다."

"잘 말하는 방법은 따로 있다는 거네요. 구체적으로 설명해주실 수 있나요?"

"저는 '원리개념 중심토의'를 하라고 주장합니다. 원리를 공부하고 개념을 파악해서 그것을 중심으로 토의한다는 뜻이죠. 가령 외국 사람들이 토론하거나 강의하는 것을 보면 그들이 보여주는 깊이나 지식, 질문과 생각이 압도적인 것을 봅니다. 일례로 제 아들이 중학교 때 미국으로 유학을 갔습니다. 그러면서 제게 교육 시스템과 수업하는 방법을 설명하면서 교재를 보여주더라고요. 교과서는 국내 대학원서처럼 크고 두꺼웠습니다. 아들은 '엄마, 거기는 리딩, 라이팅, 스피킹이 다야! 그러니까 읽고 요약해서 쓰고 나중에 의견을 담아 말하는 거지.'라고 하더군요. 단지 읽기 · 쓰기 · 말하기를 가르치고 있었습니다."

"시험을 위한 공부는 문제로 나오는 것만 공부하니 요령만 늘게 되죠. 암기는 휘발성이 강한 줄 알면서도 말이에요. 핵심을 요약한 개념부터 공부할 게 아니라 기초적인 원리를 공부해야 하는 군요."

"그래서 자신이 아는지, 모르는지 구분할 줄 아는 능력이 중요합니다. 간혹 일정 부분만 떼 와서 그것이 세상 전부인양 말하는 사람들이 많습니다. 지한 씨는 이들과 다르게 폐품 같은 정보를 가릴 줄 아는 안목을 키워야 해요. 긴 글을 읽는 이유도 신빙성 없는 블로그나 퍼 나르는 짧은 글,

가짜 뉴스에 현혹되지 않기 위해서죠. 장문의 글에는 원리가 담겨 있습니다. 원리를 제외하고 개념부터 챙기려는 습성은 착각을 부추깁니다."

"강사님이 말씀하신 의도는 원리를 공부하려면 시간이 걸리고, 시간을 단축하려니 요약을 공부한다는 건데. 요약으로 시작한 공부를 공부했다고 말하는 건 짧은 생각일지도 모르겠네요. 처음부터 제가 아는 건 아무것도 없다고 말하는 게 맘 편하겠어요. 이런 관점에서 보면 소크라테스의 '무지의 지'가 불변의 진리인 것도 같고요."

"지름길은 없습니다. 꾸준한 독서가 선행돼야 원리를 알고 정보의 홍수에서 허우적대지 않을 겁니다. 미국 세인트존스대학에는 '고전 200권' 교육법이 있습니다. 이 대학은 전공 자체가 없습니다. 학생들은 4년간 소크라테스부터 니체까지 오직 책을 읽고 토론하며 에세이를 씁니다. 1학년 때는 호메로스의 일리아스에서부터 시작해 그리스 고전을, 2학년 때는 중세와 르네상스 학문을 배웁니다. 3학년 때는 코페르니쿠스부터 과학을 만나고 4학년 때는 니체와 같은 근대 철학가를 접합니다. 총장 파나이오티스 카넬로스는 한국에서 개최한 '변화의 시대, 교양교육의 재발견' 포럼 인터뷰에서 "과학에 가치를 부여하고 기술에 영혼을 입히는 것은 인간이다."라고 했습니다. 재미있는 건 졸업생들은 잘 나가는 IT기업부터 의학전문대학원, 로스쿨 등 다양한 분야에 진출합니다. 뉴욕타임스는 이 대학

큐빅리딩

을 세계에서 가장 모순적인 대학이라고 평하기도 했습니다."13)

"비슷한 예로 시카고대학을 알고 있어요. 고전 100권 플랜이 있고 노벨상 최다 배출 학교로 수상자가 91명이나 되죠. 일본이 과학 분야 노벨상 23개를 가지고 있는 이유도 기초과학이 우수하기 때문이라고 하고요."

"그렇게 그들이 할 수 있었던 이유가 원리개념 중심토의라는 겁니다. 잘 말하기는 요령이 아니라 하나의 지식 콘텐츠예요!"

"책 많이 읽었다고 해서 만사형통은 아니네요. 콘텐츠를 어떻게 전달하느냐가 관건인 것 같아요."

"그렇습니다. 쓰기 · 듣기 · 말하기 모두 읽기에서 시작한다고 보시면 됩니다. 읽기는 쓰기를 낳고 쓰기는 말하기를 낳습니다. 이 프로세스를 잘 정리하면 지한 씨가 원하는 알고리즘을 구축할 겁니다!"

04

시작과 끝은 깔 맞춤

"지한 씨, 제가 직장인이나 취업준비생들에게 늘 하는 말이 있습니다. 상사를 설득할 때 가장 먼저 해야 것은 무엇일까요? 바로 결론입니다. 무언가를 말할 땐 '결론부터 말하라'는 겁니다."

"두괄식이라는 거죠? 확실히 느끼는 거지만 말 많이 하는 사람 얘기를 듣다 보면 정작 하고 싶은 얘기가 뭔지 모를 때가 많더라고요."

"사람은 아는 말만 하게 되어 있습니다. 보통 무슨 말을 할지 정해놓지 않은 사람은 시간을 오래 끌고 핵심을 전달할 기회를 놓치죠. 그러지 않으려면 많은 준비와 연습이 필요하겠죠?"

"간혹 설득이라고 착각하는 사람은 우기기 식으로 상대를 제압하더라고요. 감정적으로만 대처하니 결국 다른 사람과 싸움을 불러 일으켰죠."

"설득은 구체적이고 논리적인 것을 반드시 요구한다는 게 포인트입니다. 말로 의도하는 바를 얻어내는 일이란 만만치 않은 작업입니다. 이해와 공감이라는 관점에서 봤을 땐, 화자역량은 서로 겹치는 부분을 캐치하는 거구요."

"한 대화 자리가 떠오르네요. 어떤 사람이 있었습니다. 그는 전문 분야가 아니고 관심도 없어보였는데 대화에 억지로 껴들어 근거 없이 아니라고만 했습니다."

"사연은 하나의 콘텐츠입니다. 이야기가 풍부할수록 대화에 참여할 수 있는 여지가 높아져요. 하지만 사연이 없을뿐더러 근거도 없다면 설득까지 넘어가기는 힘들어요. 한번 지한 씨가 '아니야'를 외쳤다고 해보죠. 그 상태로 끝나면 다행이지만 상대방은 '왜?'라고 물을 수도 있어요. 이런 상황은 직장 내에서 얼마든지 발생할 수 있습니다. 이때 바로 결론을 뒷받침해줄 만한 근거를 대야 합니다. 근거가 없다면 우격다짐으로 들릴 수밖에 없습니다."

"이야기나 주장에 타당한 근거면 되는 거죠? 그 말이 상대방에게 어떻게 들릴지 궁금하네요."

"상대가 근거를 납득하더라도 관심사가 아니거나 잘 모르면 싱겁게 끝날 수도 있어요. 처음부터 무능력하게 보이지 않도록 방지 차원에서라도 알아두면 좋다는 거죠. 다만 세 가지 정도로 한정할 필요는 있어요."

"대화가 산으로 가기 때문일까요?"

"그런 이유도 있지만 그 이상 말하면 듣는 사람도 잊어버리기 때문입니다. 기억은 한계가 있습니다. 중요한 건 '3'이란 숫자입니다. 한 연구 자료에서도 세 가지 근거가 가장 설득력 있는 말하기라고도 합니다. 이 근거는 신뢰할 만한 자료가 좋습니다. 책과 신문을 적절히 활용하면 좋겠죠?"

"정말 꾸준히 읽고 쓰는 건 피할 수가 없네요. 말까지 연습하려면 피곤해지겠어요. 할 일이 많아지는 것 같아 괜스레 걱정이네요."

"세상은 문제로 가득 차 있습니다. '문제 제기'하고 '문제 인식'하는 건 누구나 할 수 있어요. 이대로 끝나면 너도나도 불평불만 가득한 사회가 되겠죠. 하지만 언젠가는 누군가가 '문제 해결'을 해야 합니다. '그래서 어쩌라는 건데? 어쩔 건데?'라고 물으면 방법을 제시하고 실행할 사람이 필요하죠. 기업이라면 이윤에 사활이 걸려 있으니 피할 수 없는 일이겠죠? 그래야 식구들도 먹여 살리겠고요."

"돌이켜봐도 불평불만인 사람은 많아요. 더 큰 문제는 알아서 해결해주 길 목 빼고 기다리는 사람들이 대다수인 것 같고요."

"이유가 있다면 피곤하거나 귀찮다고 말할 겁니다. 변화라는 두려움에 말 못 하는 경우도 있겠죠. 하지만 뜻대로 되지 않으니 재미있는 세상이에요. 해결책을 제시하더라도 설마 일어날지 모르는 '만약'까지 고려하시기 바랍니다."

'글쓰기 구조와도 비슷하네. 서론(Why)−본론(What)−결론(How). 4단구조로 기(Why)−승(What)−전(IF)−결(How)과도 얼추 맞고.'

"어떻게 될지 모르기 때문에 최악의 상황까지 고려해보는 거네요."

"세상을 바꾸는 사람은 해결사입니다. 문제를 찾고 해결 방법을 찾아 실행하세요. 가장 중요한 건 결론부터 말하라는 것! 끝날 때도 다시 한 번 결론을 강조하라는 것! 처음과 끝이 중요한 이유예요."

05

소통하는
7가지 습관

"지한 씨, 혹시 기억나세요? 듣기와 말하기는 이해와 공감이다. 우리가 일터에서만 말하는 건 아니죠? 드디어 화통을 가동할 때입니다!"

"말씀하실 내용이 화통과 관계가 있나요?"

"화력발전소를 가동하란 뜻입니다. 어찌 보면 화력은 양날의 검입니다. 성공하는 방법이 한 마디로 '말조심해.'라고 압축할 정도로 위험하기도 하죠. 쓰임에 따라 다용도 칼이 될 수 있어요."

S강사는 판서했다. 왼쪽 위에서부터 아래로 한자를 채워갔다. 그리고 마지막 7번째 한자를 채우고 말을 이었다.

큐빅리딩

1초 만에 알려줄 수 있는 성공 방법은? 말 조심 하기!

"지금부터 '소통하는 7가지 습관'을 말씀드리려 합니다! 입으로 들이는 건 좋은 것, 뱉는 건 나쁜 것이라 했습니다. 곰은 쓸개, 사람은 혀 때문에 죽는다고 합니다. 입은 재앙을 여는 문, 혀는 육신을 베는 칼이라고 하죠. 그만큼 사람 생사가 입에 달려 있어요. 따라서 말 잘하는 법보다 하지 말아야 할 말부터 가려보도록 하겠습니다! 지한 씨가 '하지 말아야 할 말'을 아는 게 소통임을 반드시 명심하시기 바랍니다!"

"경청해야 하는 이유일 수도 있겠네요. 새겨듣겠습니다."

"첫째, 폭언(暴言)입니다. 대표적으로 욕과 인신공격이 있죠. 거칠고 사납기 때문에 상대방에게 상처를 주는 말입니다. 이성적 판단을 자제하지 못하는 사람에게서 쉽게 볼 수 있습니다. 농담 삼아 건네는 말과는 분명 차이가 있죠. 오해를 살 바엔 차라리 안 하는 게 낫습니다."

"둘째, 교언(巧言)입니다. 사람을 간 보려고 실상 없이 교묘하게 꾸며대는 사람이 대표적이죠. 사리사욕과 허례허식, 체면을 중시하는 사람에게 많이 나타납니다. 대개 자신의 이익을 좇다 보니 발생합니다. 교언은 발전하면 거짓말이 되기 쉽습니다. 양치기 소년의 최후는 잘 알고 있죠?"

"셋째, 책언(責言)입니다. 단점이나 약점, 잘못을 나무라는 말입니다. 흔히 책잡는다는 말이 이때 쓰입니다. 자존감이 낮고 자존심이 높은 사람에게 드러나죠. 비판보다 비난에 익숙합니다. 상대방에게 비집고 들어갈 흠을 찾고요. 타인을 존중하는 마음보다 유리한 위치를 선점하는 데 주력합니다. 세상에서 가장 쉬운 게 남 흠 잡는 일입니다."

"넷째, 훼언(毁言)입니다. 남을 비방하거나 뒷담화하는 사람이 여기에 속합니다. 휴먼네이처에 소개된 연구 결과에 따르면 사람끼리 대화 중 70%가 남 얘기라고 해요. 흉보는 일은 상대적 쾌감을 일으킨다고도 하고요. 구설수를 만드는 사람이 누구인지 유심히 살펴볼 필요가 있겠죠? 책임과 신뢰를 훼손시킬 수 있습니다."

"다섯째, 망언(妄言)입니다. 이치에 안 맞게 상대방 가슴에 대못질하거나 비수를 꽂는 말입니다. 대개 대립 관계나 입장 차이에서 발생해요. 인내가 부족해서 감정적으로 대처하거나 극단적인 행동을 보이는 경향이 크죠. 망발하면 망령되기 십상입니다."

"여섯째, 실언(失言)입니다. 남을 쉽게 평가하거나 생각 없이 막 던지는 말입니다. 생각보다 말이 먼저인 사람이 종종 있습니다. 이들은 이치나 사리보다는 행동이 앞서죠. 이런 행동은 실수라고 할 수 있겠지만 상대를 난처하게 만들 수 있습니다. 재미를 위한 농담도 여기에 속하지만 가벼운 이미지를 떨치려면 한 번 더 생각하고 뱉어야겠죠?"

"마지막 일곱째는 강언(强言)으로 제가 지어낸 말입니다. 상대방에게 사랑과 존경을 강요하기 때문에 부담을 줍니다. 생색내는 사람들은 대가를 바라고 행동합니다. 반응이 시원치 않으면 인정을 강요하기도 하고요. 이런 행위는 사람을 수단으로 여기는 행위입니다. 사랑과 존경에 다른 목적이 있다면 처음부터 안 하는 게 맞겠죠? 안 하니만 못한 게 생색내는 겁니다."

지한은 연륜이 묻어나는 내용에 감탄했다. 돌이켜보면 전부 해봄직한 말들이었다. 필기한 내용을 정리해보니 전체적으로는 남에게 피해 줄 가능성이 있는 말, 특히 교언과 강언은 사리사욕을 위해 뱉는 말 같았다. 그리고 화통에서 말하는 경청이 왜 중요한지 다시 한 번 상기했다. 어쩌면 자신이 타인에게 상처 주는지도 모른 채 말을 꺼내고 있었는지도 모른다.

"지한 씨. 말은 전언(傳言), 바람과도 같습니다. 생명을 순환시키는 원동력이 되는가 하면 흥망성쇠를 결정하는 전령이 되기도 합니다. 타인에게 피해주는 말은 분명 습관입니다. 말로 인한 상처는 치유되기 힘들어요. 같은 말이라도 다르게 해석할 수 있고 다른 말이라도 같은 의미로 받아들릴 수 있기 때문입니다. 소통은 씨를 품고 바람에 날려 꽃을 피우고 향기를 뿜어냅니다. 세상은 향기로 통해야 합니다. 나쁜 말도 알아야 피할 수 있겠죠? 지한 씨가 잘 하리라 믿습니다!"

06
주저 말고
칭찬하라

"한국 사람들은 찌개류의 국물을 좋아합니다. 제가 주부들을 대상으로 강의할 때 물어보는 게 있습니다. '남편이 가장 좋아하는 반찬은 무엇입니까?'하면 김치찌개, 된장찌개와 같은 답을 합니다. 저는 이럴 때 '진짜 남편이 좋아하는 반찬을 해드려야 합니다.'라고 하면서 그 식단을 공개합니다. 도대체 그 반찬이란 무엇일까요?"

"술 아닌가요? 반주로 드시는 거면 안 가릴 것 같은데."

"아닙니다. '칭찬'입니다. 아무리 진수성찬이라도 식단에 이 칭찬이라는 반찬이 없으면 입맛이 떨어집니다. 인간에게 가장 좋은 유기성 비료이자 자양분이 풍부한 거름이죠. 그런데 사람들은 칭찬에 인색합니다."

"저는 상대방을 띄우려고 노력하는 편이에요. 그 자리를 빛내주는 주인공으로 만들어 안 좋았던 기억은 없었던 것 같아요."

"Great! 저는 입으로 먹고 사니까 칭찬이 습관처럼 몸에 배어 있습니다. 언젠가 신촌 닭갈비집에서 저녁을 먹는데 조리해주는 직원에게 '매직!'이라는 말을 건넸습니다. 그 직원은 웃음으로 답하며 덤으로 음료수를 서비스로 주었죠. 별것 아닌 것 같아 보여도 일상에서 이런 기회는 많습니다. 서로가 Win-Win 할 수 있는 기회 말이죠."

"'칭찬은 고래도 춤추게 한다'는 말이 떠오르네요."

흔들흔들 앗싸 아앗싸~

"세계적인 베스트셀러이기도 하죠? 고래의 훈련 원리를 통해 긍정적인 인간관계를 위한 방법을 설명하고 있습니다. 조련사가 고래를 움직이게 하는 단계별 전략이 있어요. 1단계, 긍정적인 면을 강조한다. 2단계, 잘한 일에 집중한다. 3단계, 벌을 주지 말고 시간을 주어야 한다고 합니다. 인간관계의 키워드는 긍정입니다. 잘못된 것에 초점을 맞추고 질책하기보다는 좋은 방향으로 격려하고 칭찬하는 데 초점을 맞추는 거죠."

"말씀하신 책언과는 정반대 내용이네요. 단점이 아닌 장점에 초점을 맞춰라. 맞죠?"

"그렇습니다. 칭찬은 돈 드는 일이 아닌 남는 장사입니다. 그렇다고 칭찬을 막무가내로 하면 티 나요. 루즈벨트 대통령 같은 사람도 있었습니다. 그는 어떤 사람과 약속이 잡히면 사전조사를 철저히 했습니다. 그 사람이 좋아하는 기호품, 취미, 관심사에 대한 정보를 가능한 많이 수집하여 예비지식을 머릿속에 넣어두었다고 해요. 상대가 카우보이나 경찰, 정치가나 외교관이라도 그 사람에게 어울리는 화제를 꺼내는 것으로 유명합니다. 사람들은 자신의 구미에 맞는 대화를 자유자재로 하는 그의 박식함에 칭찬을 아끼지 않았다고 합니다."

"단 한 사람을 위한 노력을 상대방이 느껴야 하는군요. 연기로 인식하지 않게끔 말이죠."

"칭찬이라는 건 일방이 아니라 쌍방이라 그렇습니다. 사람은 자기 관심과 흥미 느끼는 일을 화제로 삼고 싶어 합니다. 루즈벨트는 사람 마음을 파악하는 일이 공감에 가장 가까운 길이라는 점을 알고 실천했던 겁니다."

"그래도 상대방 입장에서 생각해본다는 말과, 상대방 입장을 위해 따로 공부한다는 건 차원이 다른 얘기 같아요. 대단한 사람이었네요."

"이와는 다르게 부정적인 말은 상대방에게 악영향을 끼쳐요. 특히 자아가 형성되기 전 아이들이 더욱 그렇습니다. 한 조사에 의하면 부모는 한 번 긍정적인 말에 비해 18번의 부정적인 말을 한다고 합니다. 하루 평균 432회 '손대지 마!' '갖고 놀지 마!' '하지 마!' 같은 부정적인 표현을 쓴다고 해요. 그리고 학교에서는 긍정적 표현 한 번에 부정적 표현 12번을 쓴다고 합니다. 그리고 하루 평균 288회 '조용히 해' '떠들지 마!' '그만해!' 같은 부정적인 표현을 쓴다고 하고요."

"자녀가 성장하면서 인성에 영향을 미치겠네요."

"상황에 맞는 적절한 대처가 필요합니다. 부정적인 말은 창의성을 발휘하는 데 도움이 되지 않습니다. 반면 이런 일화가 있어요. 어떤 학생이 중간고사를 치르게 되었습니다. 시험 문제는 '석탄으로 알코올을 얻는 방법을 쓰라.'였습니다. 그는 고민 끝에 '석탄을 팔아서 알코올을 사면됩니다.'로 정답을 제출했죠. 담당교수는 학생을 불러냈습니다. 그 학생은 야단맞고 낙제할 줄 알았습니다. 그런데 교수는 '너는 석탄으로 알코올을 얻는 가장 손쉬운 방법을 찾아냈다.'라면서 점수를 주었습니다. 이해와 공감에 초점을 맞춰 칭찬으로 격려한 거죠."

"학생도 대범하네요. 저라면 어떻게든 백지 채우려고 소설이라도 썼을 텐데 말이죠. 말씀하신 부분은 그런 교수라서 가능했다고 봅니다. 현실이라면 F였겠죠?"

"이상적인 얘기라고 생각할 수도 있겠지만 칭찬의 목적은 '선순환'에 있어요. 가령 조직에서 상사가 부하를 칭찬하면 그 부하직원은 만족할 겁니다. 그 부하가 모여 구성원이 되고, 구성원이 만족하면 바로 고객의 만족으로 이어져 기업의 성공을 낳습니다. 궁극적으로 '뻔(fun)한 기업'은 재미있는 일터를 조성합니다. 이 원리는 가정과 비즈니스 모두 같습니다. 무슨 일이든 칭찬과 격려를 아끼지 마세요."

"강사님은 칭찬을 어떻게 하세요? 자주 쓰는 방법을 알고 싶습니다."

"물론 있습니다. 방법이라기보다는 습관이죠. 그렇다고 무조건 칭찬하면 안 됩니다."

"매번 루즈벨트처럼 상대방에 대해 조사하거나 공부할 수는 없잖아요?"

"저는 경험상 다양한 사람을 고려합니다. 공통분모로 3가지 정해둔 방법이 있어요. 칭찬은 가능한 '짧게, 자주, 과정'을 중시합니다. 그리고 예고 없이 사람들 앞에서 주저하지 않는 게 관건입니다. 눈치 보지 말고 자주하라는 뜻입니다. 특히 결과보단 과정을 칭찬해주세요. 성장하고 있다는 사실을 구체적으로 피드백해주면 좋겠죠? 길게 봐야 함께하는 사람도 오래 남습니다."

07

유연함은
여유로 다스려라

"자, 이번에는 지한 씨에게 간단한 퀴즈 하나 내겠습니다. 골프계에 있는 유머입니다. 고수의 공은 본 대로 간다고 합니다. 중수의 공은 친 대로 날아간다 하고요. 그렇다면 하수의 공은 어떻게 날아갈까요?"

"하수구로 흘러간다?"

"아닙니다. 걱정하는 대로 날아간다고 합니다. 왜냐하면 생각이 모든 결과물의 시작이기 때문입니다. 보통 사람들은 어떤 일이 벌어지기도 전에 걱정을 앞세우는 일이 많습니다. 저는 이런 상황을 두고 걱정을 가불했다고 합니다."

"해보지도 않은 일을 걱정한다는 게 실패에 대한 두려움 때문인 것 같습니다. 저도 앞날에 대한 걱정이 많은 게 사실이고요."

"가불이란 말처럼 걱정을 당겨쓰다 보면 하루하루가 암울합니다. 조사에 따르면 걱정의 40%는 절대로 발생하지 않으며, 30%는 이미 일어나 일을 걱정하는 것이고, 22%는 별일 아닌 것을 걱정하는 거라고 합니다. 이러지도 저러지도 못하는 걱정은 불과 4%에 지나지 않습니다. 즉, 96%의 걱정은 쓸데없는 걱정이라고 합니다. 그러니까 이 세상에서 되지 말아야 할 부자가 바로 걱정 부자라는 거죠."

"저는 너무 당겨썼나 봅니다. 부자인데도 행복하지가 않네요."

"그래서 걱정을 다르게 보라고 말씀드리고 싶습니다. 다르게 보는 습관은 의외로 간단합니다. 인생을 게임처럼 즐기세요. '유머'로 세상을 달리 보세요!"

"장난을 좋아하기는 해요. 가끔 개그프로그램도 즐기고요."

"일상이 예능 같은 사람도 있습니다. 이런 사람들은 엄숙하거나 무거운 분위기에서도 빛을 발휘하죠. 2004년 당시 조지 H. W. 부시 대통령이 로널드 레이건 전 대통령 장례식 추도 연설에서 할리우드 시절 그의 일화를 말했어요. 동료 배우가 레이건에게 '자네, 대통령 해볼 생각 없나?'라고 물자 레이건은 '자네도 내 연기가 별로라고 생각하나?'로 답했다고 하죠.

이에 질세라 조지 H. W. 부시 전 대통령의 장례식은 유머의 향연이었다고 해요. 나토 정상회담에서 당시 전 캐나다 총리 브라이언 멀리니에게 부시는 속삭였다고 하죠. '방금 국제관계의 기본 원칙을 깨달았네. 작은 나라일수록 연설이 길다는 사실 말이야.' 고인을 두고 '걱정 마세요. 조지가 10분 안에 끝내라고 했으니까.'라고 말한 앨런 심슨 전 상원의원은 장례식장에서 가장 많은 웃음을 이끌었다고 해요. 이처럼 미국인들은 삶의 가장 중요한 요소가 유머라고 생각해요." 14)

"한국에 빗대면 상갓집에서 고스톱 치는 분위기네요. 아버지께 들었어요. 옛날 분들은 관습적으로 그 자리에서 술 마시고 화투치셨다고요. 오래 머물러 주는 게 고인을 위하는 거라 나. 시대가 바뀌면서 제 또래는 그런 상황을 이해 못 할지도 모르겠지만요."

"인생이 너무 진지하면 피곤해집니다. 다큐도 적당히 찍어야 해요. 유머는 여유에서 나옵니다. 유연한 생각이 즐거움을 이끌어요. 링컨은 의회에서 야당 의원에게 두 얼굴을 가진 이중인격자 소리까지 들었지만 아무렇지도 않게 '내가 두 얼굴을 가졌다면 하필 왜 이 못난 얼굴 들고 여기 나왔겠습니까?'라고 답변했습니다. 링컨이 백악관에서 구두 닦는 모습을 보고 친구가 '미국 대통령이 자신의 구두를 닦다니 이게 말이 되는가?'라고 묻자 '아니, 그러면 미국의 대통령이 남의 구두를 닦아주어야 한단 말인가?'라는 여유를 보여줬고요." 15)

S강사는 이야기보따리였다. 베테랑 강사에게 유머는 전문 분야였다. 특히 여유에서 나오는 미소가 자신감 있어 보였다. 지한은 자신도 모르게 그녀의 장단을 맞추고 있었다. 자리가 즐거우니 웃음이 절로 나오고 익살스럽게 참여하고 싶은 마음도 커졌다.

"아하하. 대통령들 센스가 넘치네요. 서로 받아주는 문화가 아니면 불가능할 것 같습니다. 양반문화에서는 심각하게 쳐다보겠죠?"

"양반도 양반 나름일 겁니다. 한 가지 더 재밌는 유머를 소개할게요. 중학교 교과서에 실린 내용입니다. UN에서 세계 공용어를 선정하려고 세상에서 가장 많이 쓰이는 말을 조사했습니다. 3위는 영어, 6억 명이 쓰고 있었습니다. 2위는 중국어로 18억 명이 쓰고 있었습니다. 그런데 중국어보다 더 많이 쓰이는 말이 있었습니다. 무엇일까요?"

"러시아 아니면 인도어 아닐까요?"

"틀렸습니다. 정답은 거짓말입니다. 매일 80억 명이 죄다 쓰고 있기 때문입니다."

공자 왈,

"새는 궁하면 아무거나 쪼아 먹고, 짐승은 궁하면 사람을 해치고,

사람은 궁하면 거짓말을 한다."

"휴, 그래도 다행이네요. 저 혼자인 줄 알았는데 친구들이 많아서 든든해요."

"호호, 배우는 게 빠르시네요. 지금처럼 유머로 받아칠 수 있는 여유가 있어야 합니다. 어떻게 가불한 걱정은 좀 날아가셨나요?"

"부자였는데 어느새 탕진했네요. 웃다보니 시간 가는 줄 몰랐습니다."

"기뻐하시니 저도 즐겁네요! 태도가 전부란 말이 있습니다. 긍정적인 사람들은 작은 성공도 서로 축하해줍니다. 실패를 나무라기보다는 성취를 인정합니다. 화를 내기보다는 유머를 즐깁니다. 상대방의 장점에 포커스를 맞춥니다. 부정문보다는 긍정문으로 말하는 경우가 많습니다. 남 탓하기 전에 자신을 탓합니다."

08

'다르다'와 '틀리다'를
인지하라

S강사는 다소 철학적인 말을 꺼냈다.

"죽음에 가까운 고통일수록 최고의 경험이라고 하죠. 이 시련을 견뎌낸 사람은 자생력이 강하고요. 문제는 믿었던 신념이 깨지는 순간이에요. 사상, 정치, 종교, 국가관, 세계관이 깨진다면 대혼란이 일어날 수밖에 없어요. 우주로 따지면 사람은 하나의 점에 불과한데, 이 점 하나 때문에 상처가 생기고 아물기 힘듭니다. 하지만 이것도 익숙해지면 적응하는 게 사람이라고 하죠."

"아픈 기억이 있으신가 봐요."

"호호, 아닙니다. 지한 씨 교육 때문에 꺼낸 화두입니다. 한번 볼까요?

왜 아픈 기억이 있냐고 질문하셨어요?"

"마음의 상처가 담긴 말 같았어요. 배신당했다는 느낌도 들었고요."

"방금 지한 씨 머릿속엔 하나의 '프레임'이 자리 잡았습니다. 저는 이 틀을 깨기 위해 확인 차 질문을 했고요. 하나 더 해볼까요? 지금부터 '코끼리는 생각하지 마'세요."

"코끼리요?"

"네, 코끼리."

지한은 S강사가 말을 꺼낸 순간부터 머릿속에서 코끼리를 연상하기 시작했다. 오히려 코끼리를 지우려고 할수록 긴 코와 상아가 구체적으로 그려졌다.

"어떤가요? 잘 안 지워지죠."

"네, 힘드네요. 발로도 그릴 수 있을 것 같아요."

"지그문트 프로이트는 『꿈의 해석』에서 '억압된 것은 반복적으로 되돌아온다.'라고 했어요. 대니얼 웨그너는 흰 곰 실험을 통해 사고 억제의 반동효과라고 했고요. 강박이 역설적으로 선명하게 만든다는 거죠. 지금처럼 지한 씨를 사로잡고 있는 프레임을 알려드릴까 합니다. 질문을 통해 깨트리기도 할 거구요."

"프레임은 질문으로 깨야 한다는 말씀이시네요."

"네. 그렇습니다. 일반적으로 질문은 지식을 입력할 때 발생합니다. 무엇을 읽거나 누군가에게 들었을 때 알고 모르는 것, 애매한 것을 구분하기 시작합니다. 이어서 자신이 아는 지식을 총동원하여 사고하죠. 최종적으로 흡수한 지식은 자신이 생각한 지식과 맞는지 출력할 때 사유합니다. 지식과 지혜가 일치하는지 확인하기 위해선 질문하거나 직접 해보는 수밖에 없다는 거죠."

"질문했는데 답이 틀렸다면요? 상대와 질문에 따라 답이 다를 거 아니에요."

"질문은 대화 형태로 주고받아야 합니다. 그래야 사고를 확장할 수 있어요. 단답형으로 끝난다면 제자리걸음할 수 있습니다. 질문의 끝은 상대방이 모른다고 말할 때까지입니다. 한 분야 전문가가 모른다고 말할 정도면 질문자는 목적에 맞게 배웠다고 할 수 있죠."

"질문하는 방법이 따로 있나요?"

"간단해요. 이미 지한 씨는 배웠습니다. '2W1H'를 활용하는 방법이에요. Why, What, How는 각각 '의문형, 정의형, 실행형' 기능을 해요. '왜'는 근본적인 문제에 접근하는 도구입니다. '무엇'은 종류를 나열하고 연결시키는 데 목적이 있어요. '어떻게'는 실생활에 닥친 문제를 찾아 해결하라는 거죠. 요약하면 진짜 문제(Why)를 찾고 지식을 총동원(What)하여 실행(How)하라는 거예요. 상황과 목적에 맞게 Do it! 하라는 거죠.

저는 지한 씨에게 새로운 판을 다시 짜라고 말씀드리고 싶어요. 프레임이 형성되는 이유는 '다르다와 틀리다'를 구분하지 못하기 때문예요. 이분법적 사고의 중심에는 항상 자신이 자리 잡고 있어요. 객관적과 주관적, 외향적과 내성적, 단어나 숫자를 맹목적으로 믿다보면 자신의 삶을 그 안에 꾸겨 넣게 돼요."

'나는 지금까지 객관적이고 외향적인 사람이라고 생각했는데 아닐 수도 있다는 거네.'

큐빅리딩

지한은 평소 책 읽는 사람에게 호감을 느꼈다. 대중교통을 이용할 때나 약속 장소에 이동할 때도 독서하는 사람을 유심히 보았다. 책 읽는 입장에서 느낄 수 있는 동질감이 그들에게도 있지 않을까 궁금했다. 다년간 독서모임하며 느낀 생각이지만 정작 가까운 지인 중에는 독서하는 사람이 별로 없었다. 이런 상황에서 그녀는 말만 잘하는 사람인 줄 알았다. 하지만 그게 다가 아니었다. 이것도 하나의 프레임이라고 느꼈다.

"강사님. 그럼 뭘 해야 하죠? 구체적으로 좀 알고 싶은데."

"호호, 이미 잘하고 계신걸요. 제게 꼬치꼬치 물어보시잖아요. 특히 지한 씨가 독서광인 것 같아 조금 놀랐어요. 저도 독서를 즐기는 편인데 몇 개 추가해서 말해볼게요. 크로스 오버해서 읽어보세요. 읽은 내용과 다르다고 생각한 사실이 어디서 어떻게 적용되는지 다방면으로 확인해야 합니다. 이유나 근거를 찾고 전혀 무관할 것 같은 지식과도 연결시켜보세요. 통계도 분석을 용이하게 하기 위해 만든 참고자료예요. 모든 변수를 고려할 수 없어요. 특정 범위를 좁히지만 그 정량 수치가 항상 정확하다고 할 수는 없습니다. '얼추 그렇구나.' 정도로 해석하시면 됩니다. 한마디로 중도의 자세가 가장 중요해요."

"객관적이라는 말은 어디에도 속하지 않아야 볼 수 있는 개념인가요?"

"훈수 두는 사람이 넓게 보는 법입니다. 싸움 구경하는 사람이 치고받는 이치를 알아요. 간혹 자신이 알고 있는 세상을 깨기 싫어하는 분들이 계십니다. 불편함을 얻기 때문이에요. 매도 먼저 맞는 게 낫다는 데, 지한 씨는 이미 어디서 얻어맞고 오셨나 봐요. 호호호."

『중용』을 읽었다고 객관성을 이해할 수 있는 일은 아니었다. 넓은 식견과 끝없는 공부, 다양한 사람을 만나봐야 어디에도 치우치지 않는 기준을 세울 수 있었다. 지한은 S강사가 독서 모임이 있는지 궁금했다.

"강사님, 책 좋아하시는 것 같은데. 혹시 독서모임을 하고 계신가요?"

"그럼요. 회원님들 열심히 오고 계신답니다. 띄엄띄엄 보여서 그렇지."

"어떤 분들이신가요?"

"나이가 있어서 노땅들이 많아요! 정중하게 물어보지 않으면 상처가 될 수 있죠. 지한 씨가 오셔야겠네요. 젊은 피 좀 수혈하게."

"하하, 도움이 된다면야 기꺼이 헌신하겠습니다. 어떤 얘기를 주로 나누세요?"

"별거 없어요! 수다 떠는 자리죠. 근데 지한 씨가 생각하는 거랑 다를 수 있어요. 자기계발서 읽고 '내 나이에 이제 와서 뭘 어쩌라고.' 하시는 분들이 많아요. 사소한 주제로 얼굴 붉히기도 하고요. 참고로 가능하면 의견이 분분한 정치와 종교, 성차별 발언은 피하는 게 좋습니다. 강사로서도 피하는 주제이기도 해요."

"제 또래에서는 민감한 부분도 과감히 말하는 편이에요. 아니면 다른 모임으로 돌아설 수 있는 선택권이 많다고나 해야 할까요? 구속되기 싫은 부분이 있거든요."

"잘 알고 있습니다. 다만 저는 아카데미를 꾸리는 사람입니다. 시비를 따지며 젊은 층이나 노년층 어느 한쪽 편을 들 수가 없는 입장이죠. 독서 모임과도 크게 다르지 않은 것 같아요. 비판과 토론이라는 것. 만약 연설하는 자리라면 화자 입장에서 더욱 부담이 될 수도 있겠죠? 제 생각으로는 보여주기 식 말고 답이 없는 대화를 만들어가야 한다고 생각합니다. 일방적인 가르침보다는 상호작용이 중요하기 때문이죠. 요즘 하브루타 교육도 인기죠? '오늘 배운 게 뭐니?'라기보다 '오늘 어떤 질문했니?'라고 묻는 유대인 토론 방식이요. 질문이 중요한 건 세상을 다각도로 바라보고 다양한 사고를 갖출 수 있기 때문입니다."

"어디서 봤어요. 히브리어로 인간은 '질문하다'라는 뜻이라고요. 관심은 관찰을 만들고 질문을 낳는 것 같습니다. 질문이 옳은지 알기 위해서는 자신이 가지고 있는 관련 지식이 무엇인지 알아야 할 것 같아요."

"지한 씨 의도대로 정말 듣고 싶은 것이 있다면 물어봐야 합니다. 변화를 원한다면 궁금증을 증폭해야 해요. 다방면으로 연결해야 알고 있다고 생각한 지식의 편차와 오차를 줄일 수 있거든요. 그래야 가장 근본적인 '나'에게 질문할 수 있습니다."

"답은 처음부터 없던 건지도 모르겠네요. 답이 없음을 인지하고 질문하는 게 맞는 것 같습니다. 그게 저를 사랑하고 존중하는 길인 것 같아요."

"현상을 두고 멀리 떨어져보세요. 편협한 사고에서 벗어날 때 진짜 자유인이 되실 겁니다. '내가 잘하는 건 무엇인가, 내가 좋아하는 건 무엇인가, 해야 하는 일 또는 할 수 있는 일은 무엇인가, 왜 잘하거나 좋아하는지, 왜 해야 하거나 할 수 있다고 생각하는지'를 지겹게 묻다 보면 새로운 나를 발견할 수 있을 거예요!"

지한은 고개를 끄덕였다. 값진 얘기는 이런 게 아닌가 싶었다. 언젠가는 자신이 가고자 하는 여정에 도움이 될 것 같았다. S강사는 철학자 콘셉트를 놓지 않고 한마디 더했다.

"사람에게 세포가 안정하다는 건 죽음을 의미합니다. 삶은 불안정한 세포와도 같죠. 불안한 마음처럼 세상도 불안정합니다. 틀린 것을 찾지 말고 다른 것을 받아들이셨으면 합니다. 이 시기를 현명하게 대처할 때 지식에서 지혜를 얻게 될 겁니다. 스스로 질문을 많이 하고 치열하게 고민해보세요. 그때부터 지한 씨가 원하는 게 무엇인지 보일 겁니다."

09

비즈니스 커뮤니케이터의
공략법

"지한 씨, 저는 대화가 널뛰기나 다름없다고 봅니다. 그런데 널뛰기는 혼자서는 하지 못합니다. 널빤지는 어느 한 사람이라도 세게 딛거나 지탱해주지 않으면 꿈쩍하지 않죠. 인간관계도 마찬가지로 자신이 높이 오르려면 먼저 상대가 힘껏 딛도록 도와줘야 합니다. Win-Win전략은 패러다임의 전환에 있습니다."

"No deal. Win-Win이란 말을 들어봤어요. 오늘날 인간관계를 유지하는 최고의 전략이라는 게 새삼 느껴지는 말이었고요."

"세상에 공짜는 없다고 말씀드렸습니다. 돈이 엮이지 않는 관계라면 좋겠지만 피할 수는 없거든요. 비즈니스라면 두말할 필요가 없죠. 영업을 잘하는 사람은 '물건'을 팔지 않고 '마음'을 판다고 합니다. 상품을 팔지 않고 성품을 파는 거죠. 고객에게 물건을 사줄 것을 애원하기보다는 고객이 사도록 한다는 겁니다. 상대의 마음을 움직여서 스스로 구매하게 유도하는 게 이들의 독특한 판매 전략입니다."

"말 잘하는 게 스킬이 아니라 마음이라는 거죠? 태도에 따라 상대방이 움직이고요."

"네, 말하기는 하나의 핵심 경쟁력이라 할 수 있죠. 행동의 95%는 습관이 만듭니다. 대화법을 몸에 익히는 것도 하나의 좋은 습관으로 만들어집니다. 상대가 무엇을 요구할 때 '아니요'란 말은 신중하게 하세요. 장사하는 분들은 아니라는 말을 쉽게 하지 않습니다."

"욕쟁이 할머니네 같은 가게가 흔하지는 않죠. 사장이나 점원이 쉽게 거절하면 기분 나빠질 것 같긴 해요."

"그래서 고수의 판매 전략에는 내면화라는 행동유도전략이 있는 겁니다. 상대가 스스로 마음을 바꿔 구매를 유도하게 하죠. 저는 대화 기술에서 중요한 건 특별한 화법보다 내면을 통한 커뮤니케이션 활성화라고 생각합니다. '어떻게 하면 상대의 마음을 움직일 수 있을까'를 고민하는 게 '비즈니스 커뮤니케이터'죠."

"기업에서 영업은 반드시 필요합니다. 판매가 수익으로 직결되니 피할 수 없는 작업이고요. 하지만 그들을 보는 시선이 달갑지 않은 것 같아요."

"상품과 영업이 많다 보니 소비자 입장에선 귀찮게 여기죠. 파생상품도 무한정 늘어가는 실정이구요. 따라서 더욱 알아두셔야 합니다. 영업에 부정적인 소비자인식을 긍정적 답변으로 이끄니까요. 『사람을 읽으면 인생이 즐겁다』를 토대로 하나씩 소개해볼까요?"

잡다한 일을 달고 살아온 지한이었다. 프로젝트 영업부터 제품 판매까지 뛰어들었다. 당시 실패한 이유가 무엇인지, 어떤 방법이 부족했는지 고민해보기로 했다. 생각해보면 지한 자신도 S강사의 유명세와 호소력에 끌려 제 발로 찾아오지 않았는가. S강사는 따로 발품 팔 상황이 아닐 뿐이었다. 그녀는 이런 지한을 개의치 않고 강의를 진행했다. 역시 프로는 달랐다.

"'Yes 화법'이란 게 있습니다. 상대방이 '예스!'라고 응답할 수밖에 없는 질문을 계속 건네는 방법이죠. '오늘 참 날씨 좋은데요.' '꽃이 아름답습니다.'와 같이 누가 들어도 'No'라고 할 수 없는 말을 계속 건네는 거죠. 마음 빗장을 조금씩 열어가는 기법입니다. 상대방은 '예', '네' '그러네요.' 같이 지속적으로 긍정 답변을 하게 됩니다. 그 와중에 당신에게 친근감을

큐빅리딩

느끼며 통한다고 생각하게 되죠. 그런데 이 기법은 'And'로 확장하기도 합니다. 상대 말을 그대로 인정(yes)하고 조언(and)하는 'Yes, And' 화법을 활용하는 겁니다. 이는 세계적인 애니메이션 기업 픽사에서 직원들이 서로의 아이디어에 의견을 덧붙일 때 사용하는 원칙으로도 잘 알려져 있습니다. 공격적인 반응을 유발하는 편도체를 안정시키는 방법 중 하나가 칭찬하고 인정해주는 것이기 때문이죠."

"저는 둘 중 하나를 반드시 골라야 하는 질문법을 알고 있어요. 'A와 B 둘 중 어느 게 좋으세요?(물건) 아니면 편하세요?(시간, 장소)'는 아니라는 답변을 차단하죠."

"재밌는 걸 알고 계시네요. 상황에 맞게 적절히 활용하시면 되겠습니다. 다음은 '후광효과'입니다. 레테르 효과라고 하죠. 보통 사람들은 브랜드나 권위에 약합니다. 유명한 사람 말이나 권위 있는 기관의 데이터는 그것만으로도 신뢰성을 갖게 합니다. 별 내용 없는 것처럼 느끼거나 의문이 있어도 권위자나 거물이 말한 것이라면 거의 무비판적으로 받아들이는 경향이 짙습니다. 상대에게 말할 때 '기사에 의하면', 'ㅇㅇ대학교 박사에 의하면', '판례에 따르면' 식으로 후광효과를 발할 수 있는 것을 총동원해보세요. 상대의 생각에 엇박자를 놓을 땐, 남 이야기가 든든한 방패 역할을 할 겁니다."

"동의합니다. 누군가에게 이러한 자료를 제시한다는 자체가 많이 찾아보고 공부했다는 증거니까요."

"'로우 볼 테크닉'이라는 기법도 아주 효과적입니다. 이 노하우는 마케터나 쇼핑 호스트가 자주 쓰는 설득 방법입니다. 처음에는 좋은 조건을 늘어놓고 마음에 들도록 유도해 일단 거래를 성사시킵니다. 나중에 가서야 '실은…'이라며 조건 면에서 불리한 부분을 슬쩍 내미는 방법이죠. 상대는 기분 좋은 상태이거나 이미 결과가 나온 상태라서 웬만하면 거절을 못합니다. 이른바 허허실실법예요."

"자칫 잘못하면 반품이 밀려올 수도 있겠는데요? Yes & But 화법일 수도 있겠어요."

"마지막으로 말하기 최고수들이 쓰는 전술, '성동격서'입니다. 모로 가도 서울만 가면 된다는 말이 있습니다. 그런데 설득에 좋은 방법은 아닙니다. 임기응변이 훌륭한 사람은 자신의 힘이 닿지 않는다고 판단하면 변칙적인 방법을 동원합니다. 자신의 의견을 받아들이지 않는다고 상처받지 말고 시간이 걸리더라도 우회공격을 하라는 것이지요. 문제는 일시적으로 효과가 있을지 모르지만 오래가지는 않습니다."

큐빅리딩

"모로 가도 My Way란 메시지를 품고 있었는데 Sub Way도 찾아봐야겠네요. 한 우물만 파다가 제 무덤 파는 건 아닌지 고민해봐야겠어요."

10

세상에
무엇을 말할 수 있는가?

"지한 씨는 저를 만나기까지 얼마나 많은 사람에게 배우면서 왔나요?"

지한은 R교수와 W선생, L기자가 떠올랐다. 반면 상술로 이용하려는 사람도 많았다. 개인이 그랬고 단체가 그랬다. 자기 능력 밖의 얘기를 하는 사람들이 많았다. 진정성 없이 사람을 수단으로 대하는 사람은 널렸다. 다들 먹고살자고 하는 일이라 그러려니 넘어갔었다.

"회사를 그만둔 이후로 적지 않은 분들을 만나왔네요."

"누구나 같은 것을 원한다지만 아무나 얻지는 못합니다. 성공하는 방법은 널려 있지만 누구나 성공을 누릴 수는 없어요. 부자에게 물어봐도 경쟁자를 만들고 싶지는 않을 거예요. 부자 아닌 사람에게 돈 버는 법을 알려달라고 해도 알 턱이 없죠. 그렇다면 지한 씨 미래는 어떨까요? 성공할까요?"

"아무도 모르겠죠? 확실한 건 실패든 성공이든 가장 먼저 제가 그 사실을 알겠고요."

"맞습니다. 지한 씨가 어떻게 될지는 아무도 몰라요. 하지만 그 길이 맞는지 확인하는 절차는 피할 수 없어요. 목표가 북쪽에 있으면 북동쪽이나 북서쪽으로 가야 수정하기가 쉽습니다. 전혀 반대방향인 남쪽으로 가면 절대 성공에 도달할 수 없어요. 따라서 조타를 잡아줄 길잡이가 필요합니다. 틀어진 인생을 논할 수 있거나 조언해 줄 수 있는 사람, 자신보다 낫고 하나라도 배울 점 있는 사람을 찾아야 합니다."

"무식하게 공부하던 대학교 선배가 떠오르네요. 머리가 비상해서 효율적으로 공부했던 지인도 떠오르고요. 저는 전자 타입이었죠. 노력이 멋져 보여서 그를 따랐습니다. 덕분에 지금도 독학을 선호합니다. 고생하고 헤매는 공부가 더 오래 남는 거 같아요."

누가 진짜일까? 누구에게 가야 할까?

"비슷한 관점에서 '멘토와 멘티의 법칙'을 소개하려고 합니다. 멘토는 교육자로 생각할 수 있지만 딱히 제한은 없어요. 가능한 익숙함을 깨트리는 사람이 훌륭한 멘토입니다. 낯선 환경이 생존본능을 깨우고 강하게 만들기 때문이죠. 물을 채우든지 우물을 부수든지 우물 안 개구리를 밖으로 끄집어내야 합니다."

"제가 독서모임을 하면서 느낀 생각이지만, 책을 가까이하는 사람들에게는 분명 하나라도 얻을 게 있었어요. 생각지 못한 부분을 얘기하는 사람을 보면 '대단하구나!'라고 감탄했고요."

큐빅리딩

"지한씨도 다른 누군가에게 그런 멘토가 되셨으면 합니다. 멘토와 멘티는 선순환한다는 것을 잊지 마세요. 그럼 '멘토의 역할'을 먼저 소개해 볼까요? 첫째, 멘토는 멘티에게 인생 책을 건네줘야 합니다. 인생을 바꿀 만한 계기를 주는 책, 감명 깊었던 책, 실패를 딛고 일어설 때 힘을 주는 책, 살아가는 데 직간접적으로 도움을 주는 책을 추천하세요. 지금의 자신을 만든 최고의 책들을 추천하는 게 좋습니다. 특히 멘티를 위해서라면 아직 멘티가 보지 못한 세상, 생각을 깨부수는 책을 추천하는 게 좋겠죠? 원래 책은 내가 안다고 착각하는 세상을 확장하기 위해 존재합니다."

'나는 티나 실리그의 『스무 살에 알았더라면 좋았을 것들』이 계기였지. 그때부터 잡다하게 책을 읽기 시작했고.'

"둘째, 멘티와 대화를 많이 하세요. 멘티 역량에 발맞춰 독서토론을 병행하는 게 중요합니다. 간과하고 있는 지식을 알려주세요. 가장 중요한 건 멘토가 정답을 내릴 수 없다는 걸 멘티에게 인지해주는 일입니다. 알다시피 누구도 인생을 대신 살아주지 않습니다. 멘토의 조언과 추천 책 역시 마찬가지고요. 애초에 자기 앞길은 알아서 찾아가야 한다고 말하는 게 맞습니다. 이것을 스스로 느끼게끔 깨우쳐 줘야 합니다."

'애처럼 울면서 『어린왕자』를 읽었던 게 생각나네. 오히려 책 내용보다는 생텍쥐페리의 상황을 나와 오버랩했어. 죽음을 불사하고 꿈을 좇아 하늘을 날고 싶어 하던 저자가 나처럼 느껴졌지. 지금까지 꿈을 찾아 여기까지 왔어. 중요한 건 눈에 보이지 않아.'

"셋째, 멘토는 끊임없이 공부해야 합니다! 실제로 교육해본 사람은 압니다. 누구를 가르친다는 건 더 많은 공부를 해야 가능하죠. 멘티의 예상치 못한 질문에 답변할 수 있게 부단히 읽어야 합니다. 결과만 던져주는 게 아니라 멘티와 마찬가지로 인내하는 모습을 보여주세요. 최고의 본보기는 멘티에게 공부하는 모습을 직접 보여주는 겁니다. 멘토라도 겸손하지 않으면 도태하기 쉽습니다."

'아버지께서 교육자는 다섯 배로 공부해야 가르칠 자격이 있다고 하셨는데. 내가 독서할 때면 세 살배기 조카는 자기 책을 가져와서 거꾸로 펼쳐들었어. 꼬마가 삼촌 관심 이끌려고 옆에 딱 붙어서 독서하는 흉내를 내곤했지. 독서교육으로 책의 물성, 출판프로세스를 알려주는 것도 좋을 것 같아.'

"바로 이어서 설명하겠습니다. 이번엔 '멘티의 역할'이에요! 첫째, 멘티는 멘토가 추천한 책을 읽어야 합니다. 큰 깨달음이 없어도 멘토에겐 어떤 연유가 있습니다. 멘토를 만든 하나의 감동 스토리이기 때문이죠. 배우는 자세라면 토씨하나 놓치지 않고 씹어 먹을 자세로 임해야 해요. 읽고 대화하며 멘토에게 질문을 많이 해야 합니다. 궁극적으로는 멘티에게도 인생 책이 맞는지 확인하는 절차입니다. 멘티 입장에서는 그 책이 영 아니더라도 이 경험을 토대로 인생 책을 만들어갈 수 있습니다. 경험이 고스란히 쌓일 때 인생 책을 스스로 선정하게 됩니다."

'가르치는 학생에게 인문서나 고전을 건네줬을 때 부담을 많이 느꼈지. 내 의욕이 앞서 있었어. 그래서 천천히 소화할 수 있게끔 점차 단계를 올리면서 유도했지. 아이들 입장에서 『동물농장』은 그냥 나쁜 돼지 이야기야. 어른 입장에서는 사회주의와 공산주의를 풍자한 소설이지만. 우리네 사람들을 동물로 표현했지. 처음 시작은 우매한 군중, 똑똑한 군중, 우직한 군중, 관심 없는 군중, 기회 보는 군중 모두 평등했어. 마지막에는 똑똑한 돼지가 인간자본과 결탁하지. 마르크스가 말하는 유토피아는 모든 사람이 선해야 한다는 전제여야 가능해. 나이를 먹어도 읽을 때마다 새로운 책이 좋은 책인 것 같아. 책은 항상 그대로지만 읽은 사람이 뒤늦게 보이기 시작한다는 거지.'

"둘째, 멘토를 많이 만들어야 합니다. 어린아이들에게도 배워야 한다는 낮은 자세로 임하세요. 누구든지 멘토로 삼을 수 있는 마인드가 좋겠죠. 멘토의 영역은 넓을수록 좋습니다. 멘티는 자신이 모르는 분야의 멘토를 만나야 합니다. 자신이 아는 지식과 전문지식을 접목시켜 경계를 허물 때 한층 더 업그레이드할 수 있습니다. 멘토가 허풍인지 아닌지는 지내보면 알겠죠? 허례허식이라도 배울 점만 뽑으세요. 이 과정도 진짜 멘토를 찾고 성장하는 데 필수입니다."

'아는 형님도 다니던 회사에서 더 이상 배울 게 없어서 떠난다고 하셨는데, 결국 자기 사무실을 차렸어. 나는 무엇을 배워야 할까. 반드시 필요하지만 부족하거나 간과하고 있는 지식은 무엇이 있을까. 곰곰이 생각해봐야 할 부분이야. 얕은 지식으로는 한계가 있어. 내공을 쌓고 자리를 잡으려면 공부는 피할 수 없겠지? 당연히 공부한 건 적용해봐야 하고.'

"셋째, 멘토가 돼야 합니다. 멘토가 해야 할 일을 자신의 멘티에게 하는 거죠. 멘티 자신이 제자를 만들라는 겁니다. 처음부터 잘하는 사람은 없습니다. 시작은 허술해도 점차 멘토가 돼갑니다. 멘티는 가르치면서 더 많은 공부 준비를 하게 됩니다. 그리고 독서하고 공부했던 게 맞는지 써먹게 됩니다. 새로운 멘티에게 허술함을 보였다면 솔직하게 모른다고 인정하세요. 아는 체하는 게 오히려 불신의 싹을 틔울 수 있습니다. 체면이 사제지간을 유지해주지는 않습니다."

"모르는 게 부끄러운 일은 아니죠. 모르는 줄 알면서도 알려하지 않고 아는 체 하는 게 부끄러운 일이고요."

"누군가의 멘토를 한다는 건, 멘티가 하나라도 배울 점이 있기 때문에 자신을 찾았다는 소리입니다. 알렉산더 대왕에게는 아리스토텔레스가 있었습니다. 헬렌 켈러에게는 앤 설리반이 있었어요. 워런 버핏에게는 벤자민 그라함이 있었고요. 간디와 아인슈타인, 오프라 윈프리, 빌 게이츠 모두 멘토가 있었으며 이들이 없었으면 그만큼 성장할 수 없었습니다."

"꼭 필요한 사람이라면 친구가 돼야겠습니다. 서로 부족함을 인정하고 채워갈 때 지속적인 관계를 유지할 수 있을 것 같아요."

"죽을 때까지 해야 하는 게 공부라고 하죠? 꼭 책이 아니더라도 멘토와 멘티를 찾아나서는 길이 하나의 인생 공부일 수 있겠습니다! 자, 이렇게 지한 씨와 '듣기', '말하기' 대장정의 막을 내려야 할 것 같습니다. 강의 듣느라 애쓰셨습니다. 중요한 건 이 이야기를 어떻게 글로 표현하느냐가 문제인 것 같네요. 마지막으로 한 가지 부탁드릴 게 있습니다. 아무리 개떡 같은 멘토라도 찰떡같이 알아듣는 멘티가 있습니다. 부족한 저이지만 곱절로 얻어 가시는 지한 씨였으면 해요. 앞으로 가시는 길이 평탄했으면 합니다. 아니네요. 울퉁불퉁 하셨으면 좋겠어요. 배운 것 써먹어야죠?"

"아하하! 저는 웃자고 던져놨더니 죽자고 덤비는 멘티가 아닙니다. 강 사님도 고생 끝에 고생이셨으면 합니다. 먹구름 한가득 달고 사셨으면 좋 겠어요."

"호호호!"

지한은 강의실을 빠져나와 인근 공원을 찾았다. 정해진 코스 없이 보이 는 길을 따라 하염없이 걸었다. 머리가 복잡하기보다는 그냥 걷고 싶었 다. 잠시 걸음을 멈추고 멍하니 공원을 돌아봤다. 아이들은 뛰어다니고 연인은 벤치에 앉아 말없이 서로를 응시하고 있었다. 노부부는 두 손을 꼭 잡고 걷고 있었다. 지한은 고개를 들었다. 얼마 만에 쳐다본 하늘인가. 구름이 떠있고 그 아래 사람들은 별 탈 없이 잘 살고 있다. 나 하나 없어 도 잘 돌아가는 세상이다. 나쯤은 신경 안 쓰는 그런 세상이다. 지한은 미 소를 지었다. 그 땅의 중심에 지한이 서있다. 얼마 지나지 않아 S강사로 부터 메시지를 받았다.

'지한 씨, 고생 많으셨습니다! 출간까지 마무리 잘하시고 훌륭한 '1인 지식 기업가'가 되시기를 기원합니다. 지한만의 길을 걸으세요. 없으면 만드세요. 내가 나를 믿지 않으면 세상의 어떤 누구도 당신을 믿지 않을 겁니다. 마지막 메일 확인하세요. 감사합니다.'

큐빅리딩

첨부파일을 확인하니 평소와는 다른 짧은 글이 들어 있었다.

'인생을 걸고 할 만한 일을 젊은 시절에 만나는 건 차라리 행운에 가깝다. 오히려 많은 사람은 자신이 무얼 하고 싶은지도 모른 채 하루하루 살아간다. 그러므로 오래도록 재미와 의미를 느끼며 할 수 있는 일을 만나려면 여러 가지를 다양하게 시도하고 경험해봐야 한다. 그래야 자신의 적성이 무엇이고, 무엇을 잘할 수 있는지 제대로 알 수 있다. 혹 그런 시도와 도전들이 당장에 열매 맺지 못하고 실패로 끝난다 해도, 아무것도 아닌 게 아니다. 오히려 그 과정에서 끊임없이 시도하는 사람만이 가질 수 있는 무언가가 생기는 법이다.

이것이 바로 자신만의 스토리가 된다. 즉 자기 목소리로 세상에 얘기할 '거리'를 갖게 되는 것이다. 이렇게 되면 이미 그 사람은 또래의 비슷한 젊은이 가운데 한 사람이 아니라 다른 이와는 구분되는 자기만의 이야기와 콘텐츠를 가진 특별한 존재로 거듭나게 된다.'

— 서정현, 『잘 나가는 여자 서른을 디자인하라』중에서

말하기 (Speaking)

언어	글	읽기 (Reading)	기호	입력	읽기 (Reading)
		쓰기 (Writing)			듣기 (Listening)
	말	듣기 (Listening)		출력	쓰기 (Writing)
		말하기 (Speaking)			말하기 (Speaking)

읽기와 말하기는 각각 글과 말 영역이 담당하지만 입출력 구조로는 순환하는 데 문제없다. 앞서 설명했다시피 쓰기와 연결하면 정리된 말, 즉 논리적인 출력이 가능하다. 분명 출력하는 글과 말은 서로 다르다. 생각을 정리한 표현이 쓰기, 정리하지 않은 표현이 말하기다. 글은 생각을 다듬고 함축시킨 표현이다. 말 또한 정리할 수 있지만 글에 비하면 정갈하지 않다. 일례로 책을 소리 내어 읽다 보면 어색함을 느낄 수 있다. 저자와 생각이 다를 뿐이거니와 아예 생각해보지 않았거나 평소 자신이 쓰는 말이 아니기 때문이다. 직접 자신이 쓴 글을 소리 내어 읽어보는 것도 하나의 방법이다. 가상 인물을 앞에 두고 대화하듯이 받아 적는 게 가장 자

연스러운 구어체와 평소 하던 말이다.

큐빅리딩 말하기의 핵심가치는 '토론과 설득'이다. 답이 없는 대화가 토론, 답을 납득시키는 대화가 설득이다. 듣기와 마찬가지로 독서 모임을 통해 십분 활용할 수 있다. 토론 진행은 인원수에 맞게 시간을 나누고 간단한 책 소개나 감상평을 말한다. 이때 미리 말할 내용을 요약하고 연습하면, 자신이 읽었던 책을 되짚어 볼 수 있는 시간을 가질 수 있다. 게다가 정리한 생각을 말하기 때문에 주제에서 벗어나지 않고 조리 있게 말할 수 있다. 모두 의미로 연결된 맥락을 파악하고 이해하는 일이다.

앞서 말한 최고의 프로세스는 읽기-쓰기-말하기-듣기다. 성인 독서 토론에 이 방식을 사용하면 글과 자료를 남길뿐더러 효율적으로 책을 써먹을 수 있다. 아이들 독서지도 방식은 조금 다르다. 읽기-말하기-듣기-쓰기 즉, 독서토론논술이다. 전제는 교육자가 책 내용을 모두 알고 있어야 한다. 구체적인 순서는 다음과 같다.

1. 아이 역량에 맞는 책을 선정하고 기한을 정하여 읽게 한다.
2. 읽은 책의 줄거리나 핵심내용을 요약해서 교육자를 가르치게 한다.
3. 교육자는 아이에게 들은 내용을 중심으로 현실과 대조하여 확장지식을 가르친다.

4. 가르쳤던 지식을 중심으로 큐빅라이팅 한다.

5. 단문을 엮어 책으로 제작한다.

준비물은 단행본, 신문, 화이트보드, 지구본이다. 모두 실용적인 독서를 위해 필요한 과정이다. 궁극적으로 쓴 내용을 실천하도록 유도한다. 교육을 흡수하는 정도는 아이들 역량에 따라 상이하다. 따라서 교육자는 아이들과 친구가 돼야 한다. 아이들이 교육자를 좋아하면 교육시간을 위해서라도 책을 읽어온다. 스스로 원하는 일이기 때문에 자발적으로 책을 읽는다. 요즘 출판시스템이 좋아서 단 한 권을 저렴한 비용으로 제작할 수 있다. 책을 아이들 손에 쥐어줘야 하는 이유는 스스로 성장했다는 것을 눈으로 직접 확인하고 느껴야 하기 때문이다. 전반적인 프로세스는 교육자와 피교육자 역량에 따라 방식을 바꿔서 활용하면 될 것이다.

토닥토닥

롤 모델을 분석하라

무의미한 독서가 있다면 활용하지 못하는 이유가 크다. 가슴에 와닿는 명언이나 문구를 방치하면 바뀌는 건 아무것도 없다. 대기업 회장이 매스컴에 나와 "당신은 할 수 있습니다."라고 외쳐도 남 얘기 같다. 성공한 이들이 "실패를 많이 하라."라고 외치지만 도대체 어떤 실패를 얼마나 하라는 건지도 의아하다. 간혹 구시대적 발상으로 '포기하지 않고 열심히 최선을 다해 노력하라' 같은 답변은 눈살을 찌푸리게 만들기도 한다. 하지만 추상적인 해결책이라도 해보는 게 좋다. 해보면서 아니다 싶으면 돌아설 줄 알고 적기를 찾아 언제든지 뛰어들 수 있는 방안도 고민해야 한다.

독서의 궁극적 목표는 변화에 있다. 가장 좋은 케이스는 필요해서 읽는 독서다. 내 경우 문제를 제기하고 인식하며 목표에 맞게 실천하는 독서를 선호한다. 책 내용을 최대한 활용하며 그 방법은 구체적일수록 좋다. 최고의 방법은 쓰고 말하는 것이다. 뇌리에 꽂힌 생각은 출력을 반복하면 인생철학이 되거나 스치는 연으로 다가온다. 이러한 신호를 감지해야 한다. 나아가 적극적으로 찾아보자. 이러한 독서도 나름 요령이 있다. 다음과 같은 방법을 통해 세상을 바꾼 사람들의 절차를 밟아보자. 그들처럼 생각하고 행동해보자.

롤 모델을 찾아라

자서전이나 평전, 회고록은 특정 인물에 집중한 책이다. 그들의 사상이나 이념, 철학을 엿볼 수 있다. 전문가가 평가한 글은 기존에는 잡히지 않았던 인물을 재정의 한다. 살아있는 사람이라면 책에는 좋은 말만 쓴 건 아닌지, 정말로 그런 사람인지 미디어를 통해 확인할 수 있다. 정치인이나 유명인사만 자서전이나 회고록을 쓴다는 편견은 버려야 한다. 모르는 사람의 인생이 더 감동적으로 다가오는 경우도 있다.

자본가를 연구하라

세계를 움직인 스티브 잡스, 빌 게이츠, 마크 저커버그, 제프 베조스, 마윈, 엘론 머스크는 모두 플랫폼 싸움에서 승리한 공룡 기업가다. 자수성가한 사람들이 반드시 성공자로 인정받는 시대는 지났다. 밑천 없이 시작한 사람도 있지만 기반이 있어 활용을 잘한 사람도 많다. 그들의 공통점은 따로 있다. 수많은 시행착오를 겪고 일어난다는 점, 환경을 활용할 줄 안다는 점, 자기가 아닌 남들이 성공했다고 불러준다는 점이다. 그때서야 성공자로 인정받는다.

성공한 진짜 이유를 찾아라

성공한 사람들의 운과 기회, 인맥, 확장과 실패에서 얻은 깨달음을 활용해야 한다. 구체적 단계를 파악하고 그들이 어떻게 대응했는지, 그 결과는 어땠는지를 알아둘 필요가 있다. 느낌만으로 행하는 게 가장 무섭다. 타당하고 납득할 만한 근거 자료는 실패 요인을 줄인다. 기업 보고서, 분석가들의 책, 공신력 있는 평가 기관의 데이터, 외신의 반응, 일간신문은 최신 동향을 파악하는 데 필수 자료다. 전문가들에게 기적이란 존재하지 않는다.

병법서나 전략서를 읽어라

손무의 『손자병법』과 클라우제비츠의 『전쟁론』은 동서고금을 막론하고 현대 경영자들의 필독서로 꼽는다. 전쟁뿐만 아니라 정치, 경제, 외교를 다방면으로 접목시켰기 때문이다. 『삼국지』의 제갈량은 이기는 싸움을 하는 전쟁귀다. 국내에서는 사람들이 가장 존경하는 인물로 이순신 장군을 꼽는다. 이들 모두 후대에 큰 영감을 주는 지략가다. 특히 '지피지기 백전백승'은 전 산업을 막론하는 불변의 진리다. 핵심은 타이밍, 즉 '때'다. 승자의 전략은 역사에서 배워야 한다.

일과 놀이의 구분이 없어지는 시대다. 기술이 발전하면서 사람들은 프로게이머, 웹툰 작가, 개인 방송에 종사한다. 부모가 단지 게임, 만화, TV

가 아니라 수입이 어마어마한 직업일 줄 알았다면, 자식에게 진로를 다른 방향으로 권유했을지도 모른다. 국내 조선업은 세계 1등을 유지할 줄 알았지만 지금은 상황이 다르다. 중국은 짝퉁 시장의 오명을 벗어나지 못할 줄 알았지만 지금 세계는 유커들을 유치하기 위해 경쟁이 치열하다. 고정된 생각은 일찌감치 깨버리는 게 좋다. 무엇 하나 예측하기 힘들다. 이것을 알기 위해선 전체적인 흐름을 찾아보고 분석하는 방법밖에 없다.

인간만이 생각을 통제하고 구체화할 수 있다. 꿈이 있다면 목표는 일단 높게 잡아라. 될 것을 상상하고 할 것을 실천하라. 누가 되고 싶은지 생생하게 그려라. 운동선수가 되고 싶다면 금메달리스트를 만나고 음악을 하고 싶다면 가수를 만나라. 사업가가 되고 싶다면 사장, 회장을 만나라. 그들은 쉽게 시간을 내주지 않는다. 만나러 가는 과정 속에서 목표를 수정하고 실패도 겪을 것이다. 도중 인연을 만난다면 절대 소홀히 하지 말라. 목표와 관련 있는 인연이다. 운명이라면 단계를 한꺼번에 뛰어넘을지 누가 알겠는가. 그리고 롤 모델을 만나면 감사하다고 말하라. 선언하는 순간, 당신의 전략은 새롭게 시작된다.

끊임없이 질문하라

마이클 센델 교수는 강단에서 내려가기 전까지 긴장을 늦추지 않는다. 학생들이 질문을 쏟아내기 때문이다. 그는 질문술사라고 불릴 정도로 독서습관도 질문하면서 책을 읽는다. 질문이 가장 중요한 이유는 모두 능동적인 사고방식을 갖기 위해서다. 일반적으로 독서할 때 책 내용을 궁금해하지 않으면 금방 잊어버린다. 보고 들은 것을 무비판적으로 받아들이면 해석을 안 하게 된다.

대체로 질문은 입력할 때 발생한다. 지식을 얻기 위한 과정은 독서지만, 지혜를 얻기 위한 과정은 질문이다. 단답형은 맥이 유지될 리 없다. 질문을 하더라도 반복적인 답변과 질문을 주고받을 수 있는 형태가 가장 좋다. 대화나 토론을 유지할 때, 지식의 한계를 뛰어넘을 수 있다. 지금부터 독서를 질문에 적용하기 위한 필수적 3가지 공통사항을 살펴보자.

'왜'에 집중하라

질문 끝판왕은 소크라테스다. 그는 상대방이 질려버릴 때까지 꼬치꼬치 캐물었다. '왜'라는 거듭된 질문으로 답변의 폭을 좁게 하고 사고는 깊게 만들었다. 질문은 모른다고 답변할 때까지다. 그리고 그는 불멸의 깨우침 '무지의 지'를 남겼다. 이는 모르는 걸 안다는 의미로, 지금까지 자신이 아는 건 모두 착각에 불과했다는 사실을 말한다. 간과하면 안 되는 사실은 질문을 유지하는 건 대화이기에 가능했다는 점이다. 오늘날에도 산파술은 적지 않은 영향을 끼치고 있다.

'토론'에 제한을 두지 말라

전통적인 유대인 토론 방식으로 하브루타가 있다. 진행은 학생 두 명이

짝지어 질문을 주고받는다. 부모와 교사는 답을 가르쳐주지 않고 유도만 한다. 참여자는 견해가 다른 상대방을 통해 지식을 재생산할 수 있다. 세상을 다각도로 바라보고 다양한 사고를 갖출 수 있다. 궁극적으로 맞고 틀리고가 아닌 '다르다'는 사고방식을 갖추기 위해서다. 초등학교 독서토론에 많이 쓰이는 반면 성인 독서토론에서는 미비한 실정이다.

평소 주변에 '관심'을 가져라

관심은 관찰을 만들고 질문을 낳는다. 무관심하다면 독서의 장점으로 독해력, 분별력, 확장력, 창의력, 비판적 사고능력과 같은 이점을 말해도 거들떠보지 않는다. 가령 주식이나 부동산에 손을 뗀 사람은 정보지를 살피지 않는다. 책에 관심 없으면 부모는 아이가 사랑스러워도 육아서를 읽지 않는다. 4차 산업혁명도 남 얘기 같으면 어떻게든 될 일이다. 이와는 다르게 생계에 직결돼 있다면 신경을 곤두세우고 매사에 고민한다. 사업가는 경제 동향을 살피고 간판이 즐비한 거리에서도 경쟁업체를 콕 집어내는 능력이 있다. 샐러리맨은 부업에 관심이 많다.

보통 질문은 문제의 해답을 찾기 위해 한다. 답이 옳은지 판별하기 위해서는 자신이 가지고 있는 관련 지식이 무엇인지 알아야 한다. 이건 절대 쉽게 깨울 수 없다. 독서, 신문, 관찰, 조사, 대화하면서 공부해야 한다. 실천을 통해 편차와 오차를 직접 눈으로 확인해야 한다. 관심을 다방면으로 연결하면 궁금증은 자연스럽게 증폭한다.

다빈치는 인류를 통틀어 천재라고 평가 받는다. 그는 조각, 건축, 토목, 수학, 과학, 음악까지 웬만해서 건드리지 않은 분야가 없다. 지금 세분화된 시대를 고려하면 그의 부업은 10가지도 넘는다. 그가 이렇게 될 수 있는 데는 광적인 관심이 있었다. 조선 실학자 정약용도 이에 뒤지지 않았다. 부국강병에 대한 관심은 정치, 경제, 사회, 문화 등 500여 편이 되는 저술을 남기기에 이르렀다. 이들의 공통점은 다방면에 관심을 가지며 실용성을 중시했다는 것이다. 발전하고 성숙한 사회를 만들기 위해 끊임없이 공부했다.

이제 질문도 재량이 아닌 제한을 가할 때다. 질문이 중요하다는 사실은 대부분 알고 있다. 아니, 모르기 때문에 잘 활용하지 않는 것 같다. 가장 근본적인 질문은 자신에게 향해야 한다. 남이 써놓은 질문은 정작 내가 궁금한 게 아니다. 답은 처음부터 없었던 건지도 모른다. 답이 없음을 인지하고 질문하라. 정답 아닌 생각을 개방하라. 그게 자신을 찾는 길이다.

독서 마피아로 연대하라

스마트폰 하나만 있으면 어디든 자유롭게 소속할 수 시대다. 관심단어를 입력하면 관련 카페, 블로그, 소모임이 수백 개가 뜬다. 신규 회원은 가입과 탈퇴를 자유롭게 할 수 있다. 진입 장벽이 낮을 뿐더러 너도나도 그러는 판에 죽을 때까지 남아 있어야 할 책임과 의무는 없다. 해도 그만

안 해도 그만, 하면 좋고 아니면 마는 식이다. 그러다보니 이해타산, 개인을 중시하게 된다. 유대와 연대가 사이버 상에서만 존재한다.

니콜라스 카는『유리감옥』에서 "과도한 자동화 기술사용은 인간이 주체적으로 행하지 않아도 괜찮도록 유도한다. 그에 따라 우리는 점점 게을러지고 퇴화된다."라며 "편리함의 대가는 '자율성'의 상실이다."라고 했다. 네트워크 인맥은 한계가 있다. 직접 만나고 대화하면서 느끼는 감성은 채팅에 비할 바 아니다. 그 중 독서모임은 가치와 의미를 공유하는 대표적인 아날로그 감성모임이다. 그 모임이 지금 진화하고 있다. 불편한 진실에서 벗어나기 위해 직접 나서는 사람들이 늘고 있다.

기존 독서모임과 차이가 있다면 사업성이다. 몇 십만 원을 투자해야 참여할 수 있는 독서모임이 만들어지고 있다. 사람들은 자기계발을 위해 기꺼이 지출을 감수한다. 이 자체가 기존 시스템의 부재를 반증한다. 독서모임은 저비용, 고효율이라고 단정 지었기 때문이다. 게다가 콘텐츠도 다양해지고 있다. 회원 입장에서는 1모임 1콘텐츠보다 3콘텐츠를 누리고 싶은 게 당연하다. 모임은 많고 불특정 다수이기 때문에 사소한 결핍에도 언제든지 등 돌릴 수 있다. 회원을 수단으로만 생각한다면 모임에 문 두드릴 사람은 아무도 없다. 목적에서 벗어나지 말되, 개개인의 니즈를 파악하여 공공의 이익을 추구해야 한다.

피터 드러커는『최고의 질문』에서 다음과 같은 경영을 제안했다.

1) 미션 : 왜, 무엇을 위해 존재하는가?

2) 고객 : 반드시 만족시켜야 할 대상은 누구인가?

3) 가치 : 그들은 무엇을 가치 있게 생각하는가?

4) 결과 : 어떤 결과가 필요하며, 그것은 무엇을 의미하는가?

5) 계획 : 앞으로 무엇을 어떻게 할 것인가?

리더는 떠나가는 회원을 비난하지 못한다. 그렇다고 회원을 내보낼 재량이 없는 것도 아니다. 다양한 방법을 모색해야 한다. 이런 일을 혼자 한다는 건 고행을 자처하는 일이다. 따라서 모임을 유지하기 위해 리더가 해야 할 일, 구성원 모두가 해야 할 일을 구분해보자.

리더가 갖춰야 할 3가지 필수요건 1. 마피아를 만들라

사람의 조직적인 움직임은 개미와 비슷하다고 한다. 숫자가 많고 적음을 떠나 20%만 조직에 기여한다. 나머지 80%만 따로 모아놓아도 그중 20%만 기여한다. 이를 체계적으로 운영하기 위해선 무한책임 관계가 필요하다. 피터 틸은 『제로투원』에서 마피아를 만들라고 제안한다. 누구와 함께 할 것인가는 영리, 비영리를 가리지 않고 중요한 문제다. 인생 동반자를 꾸릴 기회를 쉽게 놓치면 안 된다. 머리 둘만 모여도 안 될 게 없다. 내 편 하나만 있어도 든든한 세상이다. 잘 찾아봐야 한다.

리더가 갖춰야 할 세 가지 필수요건 2. 다양한 활동을 모색하라

실제로 찾아보면 널린 게 독서 모임이다. 독서모임은 독서관련 활동만 해야 한다는 고정관념은 깨야 한다. 독서문화만을 고집하면 회원들은 신선한 모임을 찾아 떠난다. 리더는 독서 이외에도 이벤트, 게임, 여행, 작가 초빙, 타 모임과의 연계를 통해 진부함을 떨칠 수 있다. 따라서 리더이자 중간자 입장에서 개개인이 모두 참여할 수 있는 매끄러운 진행이 필요하다. 독서모임은 각양각색의 직업군이 모이는 자리다. 그들과 정보를 공유하고 색다른 아이디어로 타 모임과 승부해야 한다.

리더가 갖춰야 할 세 가지 필수요건 3. 카테고리를 세분하라

모임은 목적을 두고 해야 한다. 창업에 관심이 있다면 '기획, 아이디어, 창업, 취업 정보, 인맥 형성, 컨설팅, 마케팅', 책을 쓰고 싶다면 '에세이, 자기계발서, 실용서, 인문서', 신문 공부라면 '사설, 경제, 정치, 시사'처럼 구체적인 게 좋다. 모임을 수익과 연결시키는 데 두려워하지 말라. 같은 생각을 가진 사람끼리 만나 정보를 공유하라.

구성원이 갖춰야 할 필수요건 1. 소속감을 키워라

공동의 목표를 위하는 환경을 만들어야 한다. 사실 독서는 혼자 할 수 있다. 그럼에도 굳이 독서모임에 참여하는 이유는 공감해줄 사람이 필요하기 때문이다. 개략적으로 모임에 참여하는 사람을 분류하면 ①모임이 처음이거나 ②타 모임 경험이 다분하지만 더 나은 곳을 찾거나 ③가까운 친구들 중 독서를 즐겨하는 사람이 없는 경우를 들 수 있다.

구성원이 갖춰야 할 필수요건 2. 공헌감을 극대화하라

모든 모임은 즐거움이 우선이다. 일단 분위기가 즐거우면 독서모임에 참여하기 위해서라도 책을 읽는다. 특히 독서를 써먹을 때 이러한 가치를 극대화할 수 있다. 자발적인 참여와 능동적으로 변화하는 자신을 스스로 느껴야 한다. 이러한 정착 인원이 참여의지와 헌신하는 마음을 가질 때, 그 모임은 구성원들의 존재 자체가 가치로서 인정받는다.

구성원이 갖춰야 할 필수요건 3. 인정받고 싶은 욕구를 충족하라

모임에서 분쟁의 소지는 언제든지 발생할 수 있다. 다른 환경에서 자라고 다른 생각을 가진 사람들이 만나는 자리이기 때문이다. 연령, 성별, 취향, 성격, 독서 편력 모두 다르다. 따라서 서로가 다름을 인정하는 분위기가 중요하다. 시작에 앞서 '틀리다'가 아닌 '다르다'를 상기시키는 것도 하나의 방법이다. 서로 칭찬하거나 인정해주고 존중할 수 있는 즐거운 분위기를 형성해야 한다.

독서 모임은 함께 만들어가야 한다. 정체한 모임을 살리기 위해 공통의 비전만한 것이 없다. 그 시작은 만남이고 수다다. 읽은 것을 나누고 대화하라. 서로의 생각을 공유하고 같이 빠져들 거리를 찾아 똘똘 뭉쳐라. 새로운 가족을 만들고 지켜야 할 회칙을 세워라. 변수를 대비한 단서 조항을 둬라. 이벤트를 열고 저명인사를 초청하라. 여기에 그치지 말고 목표를 세워 창업하라. 일자리까지 창출한다면 당신은 분명 애국자다.

자유는 하나의 특권이다. 특권에는 기회가 생긴다. 단, 기회에는 책임이 따른다. 이는 운영자와 가입자 모두 해당한다. 행동에 책임질 수 있는 사람이 되어야 한다.

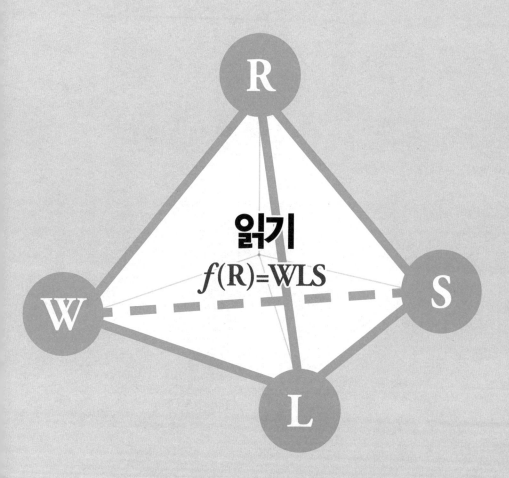

5 장

읽기

$f(R)=WLS$

01

큐빅리딩,
누구든지 할 수 있다

"저녁 먹었냐."

퇴근 길 돌아오신 아버지가 지한에게 말을 건넸다.

"아뇨. 입맛이 없네요."

"어째 한잔하고 싶다는 소리로 들리는데?"

"가시죠. 집보다는 나을 것 같아요."

"오냐. 말 잘했다. 니가 먹자고 했으니까 니가 사는 거다."

지한은 낡였다는 생각이 들었지만 싫지 않았다. 부모이자 스승이면서 친구처럼 여기는 아버지였기 때문이다. 아버지는 다른 약속을 제치고서라도 아들과의 술자리를 즐겼다. 둘은 집 근처 호프집에 자리를 잡았다.

"어째 지금 하는 일은 잘 되냐?"

"뜻대로 안되네요. 제 길을 개척한다는 게 잘한 건지, 잘하고 있는지 조차 의심이 가요."

"살아보니까 별거 아니더라. 그래도 나처럼 살지 마라. 재밌게 살아."

"지금껏 살아온 인생을 후회하세요?"

"해도 후회, 안 해도 후회였다. 다른 거 없어. 사는 거 다 똑같아."

"아들한테 말해줄 후회하지 않을 만한 경험이 있을 거 아니에요."

"이미 하고 있었다. 니가 삐뚤어져서 안 듣고 있었을 뿐이지."

"아버진 제 나이 때쯤 어떠셨어요? 다른 꿈을 꾼 적 있으세요?"

"고시 공부도 하고 사업 준비도 해봤어. 너도 알다시피 재미를 못 봤으니 평생 월급쟁이 생활 했잖니. 니 엄마 눈치 보여서 사업 못했다는 것도 핑계더라. 남 탓만 하고 있었으니 원. 아니지. 생각해보면 니 엄마가 내 그릇을 가늠했던 거였어. 하하!"

지한은 아버지로부터 자신의 모습을 볼 수 있었다.

"니 인생은 니가 개척하는 거야. 나도 안 해본 걸 너한테 말해줄 순 없잖니. 내가 걸은 길은 월급쟁이였다. 가늘고 길게 살았지. 그렇다고 이 길이 잘못된 길인가? 잘못됐으면 니가 지금처럼 배부른 소리는 하지도 못했을 거다. 아마 더 강해졌겠지. 그렇다고 사업하는 게 맞나. 그건 또 얘기가 다르지. 스트레스로 단명하고 싶으면 추천한다. 가늘고 길게 살래, 아니면 짧고 굵게 살래?"

"둘 중 하나를 선택하라면 짧고 굵게 살고 싶죠."

"대개 사람들은 한 방 인생을 꿈꾸지. 근데 그 유통기한은 짧아. 살면서 가장 무서운 건 아무것도 안 하는 거지. 가만히 있으면 아무것도 변하는 게 없거든. 뭘 해도 후회할 바에는 해보고 후회하는 게 맞겠지?"

"그럼 뭘 해야 하나요?"

"내 인생도 모르는데 니 인생을 어찌 알려줘. 직접 찾아가라. 알아서 찾아갈 줄 알면 그걸로 된 거야. 그래, 그래서 너는 어떤 사람이 되고 싶냐."

"뱉은 말 지키는 사람. 소신 있는 사람이 되고 싶어요."

"자식 다 컸네. 뭐든 해봐. 죽기밖에 더 하겠냐. 근데 아무리 발버둥 쳐도 죽을 상황이 쉽게 오지는 않아. 실패하더라도 너는 그만큼 성장해 있을 거다. 나는 기껏해야 40년 살겠지만 넌 70년 살 거 아냐. 내가 지금 네 나이로 돌아갈 수만 있다면 뭔들 못 하겠냐. 나랑 나이 바꿀래? 있는 돈 다 줄게. 모아놓은 건 없지만."

"싫어요."

"너답게 살아. 넌 누구든, 무엇이든 될 수 있다 아들. 걱정할 필요가 없었네. 계속 그렇게 살아. 그 전에 계산부터 하고 와라. 더 듣고 싶으면 2차도 내고."

말린 기분에 계산하는 지한이었다.

02

당신의 독서를 정리하라

다음날 지한은 홀로 책상 의자에 앉아 사색에 잠겼다. 스스로 질문하고 답하는 시간을 가졌다. 모든 문제가 자신에게 있다는 건 알고 있었다. 문제를 바깥에서 찾으려 하니 헤맬 수밖에 없었다. 징징대봤자 돌아오는 건 자책이었다.

'나에 대한 확신이 없는 걸까. 잘하고 있는 줄 알면서도 왜 그렇게 불안한 걸까. 불신을 믿고 싶은 걸까. 어디까지 파고들어야 원하는 답을 얻을 수 있을까. 어떻게 해야 이 고통에서 벗어날 수 있을까.'

지한은 마이웨이를 걸은 이후부터 잘해왔는지 확인하기로 했다. 읽기·쓰기·듣기·말하기 알고리즘을 만드는 일은 쉽지 않았다. 책과 신문을 부단히 읽고 쓰며 독서 모임에 참여하여 토론했었다. 각 분야 전문가들도 만나왔지만 그 역시 그들만의 방식이었다. 결론적으로 지한이 원하지 않았다. 한참을 고민하던 중, 문득 자기계발서 대부 스티븐 코비가 떠올랐다.

'스티븐 코비도 자기가 쓴 대로 살지 않아서 파산했다고 하던데. 난 쓴 대로 살면 되는 건가.'

번뜩이는 생각에 메모장을 찾았다. 은근히 적어놓은 게 많았다. 그대로 받아 적은 기록, 연관된 기록, 쓸데없는 기록이었지만 적을 당시 느낌만은 생생했다. 첫 장으로 돌아가니 '우주 정복'이란 단어가 쓰여 있었다. 자꾸 우주로 나가려는 테슬라의 일론 머스크와 아마존의 제프 베조스를 떠올리며 기록한 흔적이었다. 지한은 당시 '나라고 못하겠어?'였던 마음가짐과 지금을 비교했다. 가엾다 못해 초라한 느낌이 들었다. 문제는 지구 밖으로 나가기 위해 하고 있는 일이 없었다. 우주로 가기 위한 구체적인 단계가 필요했다. 우주정복에서부터 현재상황까지의 과정을 낱낱이 분해했다.

우주 정복 – 지구 정복 – 세계 정복 – 공중정원 – 수중도시 –

공룡 기업가 – 문화정복 – 스타트 업 – 도서관장 – 강연가 – 작가 –

과외 선생 – 막노동 – 프리랜서(=일 없으면 백수)

당장 할 수 있는 일과 해야 하는 일 모두 공부와 글쓰기였다. 현 위치는 작가가 되기 전이라는 사실을 확인했다.

'글쓰기 습관은 들었지. 콘셉트도 잡았고 글은 책 한 권 분량이고.'

직접 쓰면서 눈으로 확인하니 의외로 잘해오고 있었다. 눈에 보이지 않으니 불안이 마음을 파고들었던 것이다. 일어나지도 않은 일을 두려워하고 있었다.

'경청이 중요한건 알겠는데, 남의 말은 안 듣고 내 말만 하고 살지는 않았나?'

듣기의 중요성은 누구나 알고 있지만 가장 실천하기 힘든 영역이었다. 지한은 사람들을 만나고 아이들을 지도하면서 경청의 중요성을 실감할 수 있었다. 빈말로 들어주기만 원하는 사람도 많았다. 전문가에게는 맞장구만으로도 배울 수 있는 기회가 많다는 사실을 알았다. 질문할 때도 '제가 잘 몰라서 그러는데요.'가 최고의 방법인 것도 알았다. 나이와 성별을 불문하고 전체적인 얘기를 듣고 나서야 말하는 의도를 알 수 있었다.

하지만 정작 같이 살고 있는 가족에게는 투정부리는 아이였다. 바깥에서만 백점이지 안에서는 빵점인 아들이었다. 어머니와 입씨름하던 모습을 떠올리니 아는 것 많다고 주저리 떠드는 자식이라 부끄러웠다. 안에서 잘해야 밖에서도 잘하는 거라는 아버지 말씀에 죄송스러운 마음이 들었다. 이론과 실전이 다른 건 전적으로 읽은 사람 몫이다. 실천하지 않은 건 저자가 아닌 독자 잘못이다. 책만 읽고 제대로 실천하지 않은 지한의 잘못이었다.

'자기계발서는 꿈을 선언하라고 하는데, 꺼낸 말을 지키고 있었나?'

홀로 집, 차, 엘리베이터 거울을 보며 '나는 할 수 있다!'를 외치던 모습이 떠올라 실소가 터졌다. 당시 상당히 진지했던 상황이라 폭소로 연결됐다. 그래도 헛된 일은 아니었다. 몰래 외치던 꿈을 사람들에게 말하고 다니지 않았던가. 작가가 꿈이고 최고의 강연가가 되어 도서관을 짓고 싶다고 말했다. '미친놈, 안쓰러운 녀석, 개소리'라는 표정을 지은 사람도 있었지만 개의치 않았다. 간혹 호응해주는 사람도 있어 힘이 됐다.

놀라운 건 믿는 사람이 늘고 있다는 사실이다. 지한의 행동은 알게 모르게 주변에 영향을 끼치고 있었다. 가족과 지인, 친구들이 들었던 헛소리가 꿈소리로 바뀌는 모습을 목격했다. 부정적으로 바라봤던 사람들의 반응이 조금씩 달라졌다. 꿈은 확신을 갖고 지속적으로 노력하는 게 관건이었다.

큐빅리딩

'우주 정복까지는 머나먼 얘기지만 작가가 되기 위해 꾸준히 읽고 쓰지 않았던가. 성공하면 그때는 개소리도 명언으로 바뀌겠지.'

지한은 뿌듯했다. 스스로를 대견해하며 미소 지었다. 꿈을 이룬 사람들을 만나 그들을 뛰어넘겠다고 다짐하지 않았던가. 주변의 기대에도 부응하고 싶었다.

'늦었다고 생각할 때가 가장 빠른 거야. 다음부터 안 그러면 돼.'

이제부터라도 제대로 읽어야 한다. 지한은 곧바로 정리 작업에 착수했다.

03

지금까지
이런 리딩은 없었다

지한은 큐빅리딩 이론을 정립하기 위한 작업에 들어갔다. 읽기 · 쓰기 · 듣기 · 말하기를 나열하고 상호작용을 연결했다. 읽기(R)와 호환 가능한 상황(W L S)과 그 과정인 생각(T)을 뽑아냈다. 그리고 왜 읽기와 쓰기 · 듣기 · 말하기가 서로 효율(E)이 다른지 연구하고 다음과 같은 그래프를 도출했다.

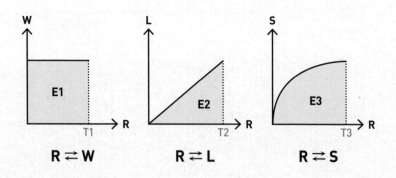

R-W

왜 읽기 · 쓰기가 호환이 잘 되는지 알았다. 글의 입출력 구조가 맞을 뿐더러 읽는 그대로를 필사하는 건 생각이 필요 없기 때문이었다. 반대로 읽는 것 없이 생각을 글로 쓰는 건 창작의 영역이었다. 자신의 생각을 쓴 그대로를 읽는 건 겉으로 드러났을 때나 확인이 가능했다. 지한은 상상의 나래를 펼치는 소설가들이 위대해 보였다.

R-L

읽기 · 듣기는 문제가 있었다. 눈과 귀는 호환하기 힘들었다. 읽으면서 듣는 개념, 그리고 들으면서 읽는 개념은 강의를 들을 때처럼 타인이 필요했다. 눈을 가리고 보려고 집중해보고 귀를 막고 들으려고 안간힘을 써도 불가능했다. 듣기가 읽기와 다른 점은 시각 행위가 아닌 청각으로 보려는 노력이었다. 의도적으로 귀를 손으로 막지 않은 이상 들리는 입력 정보를 막을 방법이 없었다. 대신 촉각을 곤두세우니 시각기관이 청각을 대신해 발버둥치는 것 같았다. 두 영역 모두 입력 기관이기 때문에 호환이 불안정하다는 사실을 도출했다.

R-S

읽기 · 말하기는 별 문제 없었다. 책을 소리 내어 읽어보니 어려운 일이 아니란 건 알고 있었다. 음독이나 낭독은 필사처럼 저자의 생각을 따라

하는 말이었다. 반대로 보이지 않는 내 생각을 글 없이 말하려고 하니 횡설수설했다. 사람이 아는 말만 한다는 것을 새삼 실감할 수 있었다. 반대로 지한 자신이 쓴 글을 읽어봤다. 반복할수록 표현이 능숙해지고 자신감이 붙었다.

글(R−W)과 말(L−S)이 왜 짝이 맞는지 어렴풋이 알 것 같았다. 그리고 R−W−S−L−R의 복합적인 연계가 가장 효율을 높일 수 있는 프로세스라는 사실을 깨달았다. 전 과정이 순환해야 읽고 쓰고 말한 게 맞는지 타인을 통해 확인할 수 있었다. 하지만 큐빅리딩은 읽기에 집중한 독서법이었다. 따라서 R에서 시작했다. 쓰기 · 듣기 · 말하기를 읽기로 몰았다.

'어려운 건 쉽게 가자. 단순함이 답이다.'

읽기 · 쓰기 · 듣기 · 말하기를 붙였다가 떼어보고 이리저리 굴려봤다. 그리고 흩어진 메모 조각을 모았다. R교수와 손정의, W선생과 L기자 그리고 S강사를 만나기까지 배웠던 지식을 조합해 큐빅리딩 모듈에 대입했다. 각 점(R, W, L, S)을 연결하는 선(T, 생각)이 모여 면(M, 의미)을 이루고, 면을 이루는 체(f (R) = W S L)를 형성할 때, 비로소 현상에서 본질에 다가설 수 있는 시야를 갖출 수 있다.

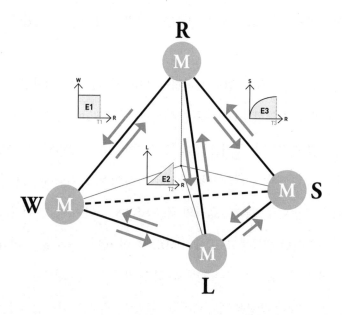

R-(T1)-W-(T2)-L-(T3)-S-(T4)-R

(M)R(M)-(T1)-(M)W(M)-(T2)-(M)L(M)-(T3)-(M)S(M)-(T4)-(M)R(M)

$f(R) = W\,S\,L$

　큐빅리딩은 완성할 수 없는 독서법이었다. 누구나 자신만의 독서법을 만들 수 있는 도구였다. 지한은 논리가 들어맞지 않고 실패한 것 같았지만 기분이 나쁘지 않았다. 이 시점에서 맞고 틀린 게 중요한 건 아니었다. 자발적으로 시작해서 큐빅리딩까지 도달했다. 게다가 최초의 시작이지 않은가. 나머지는 채워 가면 될 일이었다. 여기에 그치지 않았다. 자기만의 세상을 구축했다. 언어와 기호를 조합해 시간과 공간을 무한 확장했다. 사고를 총체적으로 모색하여 새로운 알고리즘 '나(我)'를 발견했다.

세상은 각기 다른 80억 인구로 이뤄져 있다. 사람들은 해석할 수 없는 언어와 기호를 품은 채 서로 부족한 부분을 채우며 살아간다. 언제까지 책만 읽고 끝낼 것인가. 읽기는 쓰고 듣고 말한 지식이 돌아와 다시 세상을 바라볼 때 완성한다. 책은 모두 과거고 '자신'이 바로 미래다. 아직까지 보지 못한 세상은 무엇일까. 생각의 끝은 어디에 닿아 있을까. 어디까지 가능할까. 시야를 관통하고 3D에서 4D로 봐야 한다. '독서'를 뛰어넘어 '책'을 써야 한다. 토론을 넘어 '강연'을 하고 청자가 주는 피드백을 '경청' 해야 한다. 그래야 세상을 제대로 읽을 수 있는 새로운 '관점'을 갖는다. 지한은 이 길이 끝이 없다는 사실에 떨림이 멈추질 않았다.

아르바이트, 대학, 수험공부, 직장 생활이 평범하면서도 그리 나쁜 삶은 아니었다. 알면서도 불안해하는 이유는 무엇일까. 미래를 아는 사람은 아무도 없는데 말이다. 불안감을 조장하고 예언자처럼 말하는 전문가와 저자들이 많다. 하지만 이 또한 자기 기준이 허술하니 흔들릴 뿐이었다. 지금껏 거쳐 온 모든 사람이 '지금의 나'를 만들었다는 사실을 깨달았다.

세상에 없는 것 3가지가 비밀, 공짜, 정답이라고 했던가. 널린 게 정보 이지만 정답은 없다. 지한은 R교수와 손정의가 말한 의도를 되새겼다. 정해진 독서법은 아무것도 없다는 사실을. W선생과 L기자는 넓게 보는 안

큐빅리딩

언어 구분

언 어	글	읽기 (Reading)
		쓰기 (Writing)
	말	듣기 (Listening)
		말하기 (Speaking)

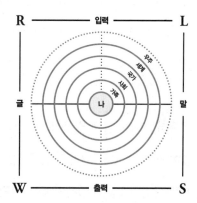

언어 회로

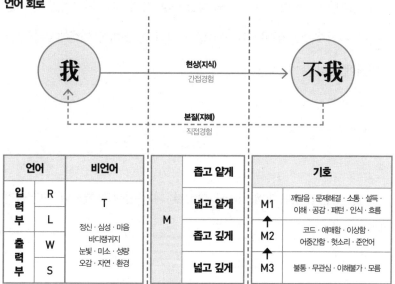

언어		비언어
입력부	R	T
	L	
출력부	W	정신 · 심성 · 마음 바디랭귀지 눈빛 · 미소 · 성량 오감 · 자연 · 환경
	S	

M		기호	
M	좁고 얕게	M1	깨달음 · 문제해결 · 소통 · 설득 · 이해 · 공감 · 패턴 · 인식 · 흐름
	넓고 얕게		
	좁고 깊게	M2	코드 · 애매함 · 이상함 · 어중간함 · 헛소리 · 준언어
	넓고 깊게	M3	불통 · 무관심 · 이해불가 · 모름

목을 갖추라는 사실을. S강사는 사람으로 해결하라는 사실을 깨달았다. 그리고 누구라도 스승으로 삼아 하나라도 배워가겠다고 다시 한 번 다짐했다.

'독서법도 지겹게 봤잖아. 넓이와 깊이도 내가 만드는 거야. 엎어져 무릎이 까지고 코가 깨져도 좋아. 심지어 길을 잃어도 길이 없는 건 아냐. 기껏 살아야 100세 인생일 텐데 나답게 살아야 하지 않겠어?'

지한은 드디어 자기만의 길을 찾았다. 35년은 모두 지금을 위한 시간이었다. 남의 길을 따라갔던 이유도 결국 나를 찾기 위한 여정이었다. 기쁜 마음에 자기생각을 아버지와 공유하고 싶었다. 소파에 앉아 TV를 보는 아버지에게 말을 건넸다.

"시간 있으세요?"

"그럼. 아들이 찾는데 없더라도 빼야지. 니가 산다고 했으니 일단 나가자."

가족임에도 불구하고 먼저 말거는 사람이 사야하는 룰이다. 특히 아버지는 한술 더 떠서 자연스럽게 술을 사게 만드는 고단수다. 부자만 알 수 있는 무언의 약속이다. 그래도 지한은 그런 아버지가 좋았다. 부자는 밖으로 나와 말없이 걸었다. 지한은 세 발짝 뒤에서 아버지를 따라갔다. 아버지 걸음은 아들 근심거리는 온데간데없이 춤추는 것 같아 보였다.

"드시고 싶은 거 있으세요?"

"굽는 거 말고 날 거 먹자. 나이 들면 소화 잘되는 게 최고야."

"회 어떠세요? 가던 데 가시죠."

"참치 집 새로 생겼는데 거기로 가자."

아버지는 기다렸다는 듯 말했다. 지한은 자리를 잡고 고민을 털어놨다.

"제가 '큐빅리딩'이란 것을 만들고 있는데 들어보실래요?"

"뭔딩?"

"큐빅리딩요. 입체적인 세상을 바라본다는 뜻예요. 아직 사람들이 보지 못하는 세상이 있을 거 아녜요? 독서를 통해 부족한 부분을 채우고 자기만의 길을 찾는다는 얘기죠. 읽기 · 쓰기 · 듣기 · 말하기를 활용했어요. 독서법에 맞게 읽기에 집중했고요. 하지만 사실 나머지 쓰기 · 듣기 · 말하기가 더 중요해요. 실용성을 중시한 모델이기 때문이에요. 소설처럼 읽을 수 있고 인문개통철학처럼 보일 수 있지만 언어학자에게는 연구대상이 될 수도 있어요. 큐빅리딩이 사람들에게 다양한 장르로 읽혔으면 좋겠어요."

"됐고. 난 그런 거 관심 없다. 너만의 리그고 너만의 세상이야. 그게 와 닿겠니. 억지로 납득시키려고 하지 마라. 네가 옳다면 주위에서 알아서 따라붙을 거다."

지한은 실망감을 금치 못했다. 자세히 설명하고 싶은 마음도 자기만의 생각이었다. 분명 아버지는 한때 독서를 즐기셨던 분이었다. 아버지는 단지 술자리만 좋아하시는 걸까? 아니면 아들과 함께 있는 자체가 즐거우신 걸까? 아버지라는 세계를 받아들여야 묵은 근심이 해소될 것 같았다. 다시 아버지 입장에 맞춰 질문을 수정했다.

"아버지는 노자 말씀 자주 하셨잖아요? 왜 노자예요?"

"그 양반은 한 마을을 떠나지 않고 농사지으면서 세상을 깨우친 사람이

야. 지금처럼 책이 많은 시대가 아니었지. 그런데도 세계적인 고전으로
『도덕경』을 꼽지 않니. 세상의 비밀을 5천자로 풀어냈어. 서방에서도 관
심 많아 필독서로 선정하지."

지한은 임마누엘 칸트가 떠올랐다. 그 역시 평생을 독일의 작은 마을에
머물며 세상을 깨달았다고 칭송받는 자였다. 소로우는 어떠한가. 2년 동
안 월든 숲에 살아가는 과정에서 나무 견적을 일일이 따지는 것을 보면
『월든』은 경제서 같기도 했다. 연결고리는 이상하게도 '칸트와 소로우는
『도덕경』을 읽었을까'로 이어졌다.

"『까라마조프 씨네 형제들』은 다 읽어봤냐? 거기 세상이 다 담겨 있어."

상권도 해치우지 못한 책이었다. 러시아 이름이 하도 생소해서 읽기를
그만뒀다. 한 사람의 이름, 예명, 애칭이 본문에 난무하니 인물이 머릿속
에서 정리되지 않았다. 내용을 읽다가도 손가락을 걸친 맨 앞 주인공 요
약으로 돌아갔다. 누군지 헷갈리기를 수없이 반복했다. 결국 가독성이 떨
어져 처음으로 중도 포기한 책이었다. 당시 아버지가 다르게 보였던 계기
도 이 책 때문이었다.

"읽다가 포기했네요. 러시아 이름이 와닿지가 않아서요. 처음 주신 책

선물인데 마저 읽을게요."

"인마, 한글로 돼 있는 걸 이해 못 해? 너 어디 가서 책 읽는다는 소리 하지 마라. 그럼 『농부 철학자』랑 『달라이라마』는?"

씨 한 번 뿌려본 적 없다. 집에서 키우는 작은 화초마저 어머니가 돌봤고 가끔 분무기로 시늉만 했다. 아버지는 책을 읽은 후 그만의 세상에서 살아왔을 터. 그 세상을 이해하려면 아버지 삶의 중요한 부분을 차지한 책을 읽는 게 먼저였다. 지한은 미션을 끝내지 못한 자신이 무능하게 느껴졌다. 부모로서 하는 아버지의 교육과 훈육을 지한은 받아들였다. 그리고 고개를 저었다.

"그것도 못 읽었네요. 최근에는 『차라투스트라는 이렇게 말했다』를 읽고 있어요. 맨 정신에 보면 어려운데 술 마시면서 읽으면 재밌더라고요. 하하."

"요놈이 요령만 늘었네. 너 노자 해라. 아니 책 읽는다니 독자해라."

지한 앞에 세상을 깨우친 사람이 있었다. 모든 지식이 아버지에게 담겨 있었다. 굳이 헤맬 필요가 없었는지도 모른다. 어쩌면 대화하려는 아버지를 뿌리치고 있는 게 자신일지도 모른다고 생각했다. 왜 진작 아버지에게 물어보려고 하지 않았을까.

"독자만 지겹게 했네요. 저자 좀 돼보려고요."

"온고지신(溫故知新)이야. 옛것에서 배우고 써먹어라. 안 써먹으면 아무 짝에 쓸모가 없어. 앞으론 너희들 세상이야. 애비는 물러날 테니 그만 물어봐라."

아버지는 이미 독서를 뛰어넘은 '쿤딩'을 실천하고 있었다. 큐빅리딩이 따로 필요 없었다. 이미 자기만의 독서를 실천하고 있었다. 자리가 무르익을 즈음 부자의 대화는 먹고사는 얘기로 흘렀다. 어느새 시간이 많이 지났다. 아버지는 자리에서 일어나며 지한에게 문자를 보여줬다. 빨리 들어오라는 어명(어머니의 명)이었다.

"담배 한 대 피우고 오마."

데자뷰처럼 익숙한 마무리다. 지한은 계산하러 카운터로 향했다.

"이미 계산하셨어요."

1년 뒤. 강연장은 사람들로 북적였다. 좌석은 관중으로 가득 찼다. 그 안에는 R교수, W선생, L기자, S강사도 자리를 함께하고 있었다. 정적이 흐르자 무대 중앙에 있는 강사가 관중을 향해 말했다.

"세상에 독서법이란 게 어디 있습니까? 새로 하나 만드세요!"

리딩 (Reading)

언어	글	읽기 (Reading)	기호	입력	읽기 (Reading)
		쓰기 (Writing)			듣기 (Listening)
	말	듣기 (Listening)		출력	쓰기 (Writing)
		말하기 (Speaking)			말하기 (Speaking)

큐빅리딩 읽기의 핵심 가치는 '기호를 인지'하는 일이다. 언어와 기호를 구분하면 언어는 정의영역, 기호는 미지영역이다. 미지영역은 아직 언어로 정의하지 않은 비정의영역을 뜻한다. 언어는 하나의 기호이면서 코드이고 패턴이다. 이해하려면 낱낱이 분해하고 분석해봐야 한다. 어디에서 시작하거나 끌어온 단어와 의미인지, 그 전체적인 맥락은 무엇을 말하는지 파악해야 한다.

미지의 세계에서 배움의 길은 끝이 없다는 사실을 깨닫게 된다. 대표적인 예로 모스부호가 있다. 전쟁영화에서도 자기들만이 아는 언어로 상호

교환을 한다. 관람하는 입장에서는 알파, 브라보, 탱고가 왠지 그냥 멋져 보일 수도 있다. 작전을 실행하는 입장에서는 사람을 죽이는 일이지만 말이다. 기호로써 받아들이면 다양한 상황을 연출할 수 있다.

갓난아기가 우는 행동도 하나의 기호다. 아이들은 생존하고 적응하기 위해 운다. 배가 고파서 혹은 아프거나 졸려서 그런지는 행동패턴을 보고 추측할 수밖에 없다. 울고 있는 동안 왜 그런지 모른다면 보고 듣는 입장에서는 기호로 받아들일 수밖에 없다. 아기의 신호를 느낌대로만 행하는 게 가장 무섭다. 신중하게 대처하기 위해 육아서를 공부해야 하는 이유다. 궁극적으로 그들이 쓰는 언어와 가까워지기 위해서다.

문화도 하나의 기호다. 모더니즘(근대)에서 포스트모더니즘(탈근대)으로 변천하는 과정에서 언어는 해체됐다. 사고를 지배하는 언어를 자의적으로 해석하기 시작했다. 무의식과 정신을 미학으로 산업, 상품화하고 미래 자본은 미디어, 탈산업으로 다양하게 부른다. 바이러스처럼 퍼져 나가는 혼란스러운 상황을 문화라고 하지만 말이다. 어느 누가 출발선에서 '지금부터 4차 산업혁명 시작!'이라고 외쳤겠는가. 미지영역을 정의하고 증명한다면 그 언어를 중심으로 콘텐츠를 선점할 수 있다. 신조어가 계속해서 만들어질 수밖에 없는 이유다.

프레드릭 제임슨이 말하는 포스트모더니즘의 특징은 무의식에 대한 침투와 식민화다. 역사적으로도 포스트모더니즘은 모더니즘의 반발에서 시작했다. 그는 포스트모더니즘 세계에서 희미해진 진리, 총체성, 변혁에 대한 대안을 끊임없이 질문했다. '단계'별 이론을 정리할 때도 '병존'하고 '중첩'되며 각기 따로 떨어진 것으로 보아서는 안 된다는 점을 강조했다. 보편성이라는 모호한 표현으로 상징체계를 구축해 나갈 일도 아니다. 시간을 구획하고 개별적인 '공통분모'를 찾아내는 능력이 정치, 경제, 사회, 문화를 이해하고 살아가는 데 필요한 지성이다.

독서도 마찬가지다. 일반적으로 독자가 읽는 텍스트는 저자의 언어다. 독자 입장에서는 저자가 어떤 의미로 끌어온 말인지 애매하거나 읽히지 않는다면 기호로써 기능한다. 문장을 구성하는 단어를 다양한 기호로 구성할수록 난해한 문장이 된다. 이를 이해할 수 있을 때 언어로써 활용할 수 있다. 제대로 읽으려면 암호와 코드로 이루어진 패턴을 분해하고 분석하는 공부가 필요하다. 세상은 우리가 이해할 수 없는 기호로 가득 차 있기 때문이다.

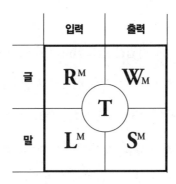

북세통통

경험과 상황을 비교하라

영화 〈죽은 시인의 사회〉에서 키팅 교수는 학생들에게 죽은 졸업생들의 사진을 보여주며 말한다. '카르페디엠', 현재를 즐기라는 말이다. 하지만 전통 명문고 웰튼의 보수적인 교육 이념과는 맞지 않았다. 꿈을 좇던 닐은 의사가 되기를 바라던 아버지에게 대항하다가 자살한다. 학교는 키팅 교수에게 책임을 전가하며 퇴출시킨다. 닐과 함께 선장을 따르던 선원들은 책상을 밟고 올라가 외친다. "캡틴, 오 마이 캡틴." 1989년도에 제작된 이 영화는 오늘날까지 입시 위주 교육 폐해를 적나라하게 보여준다.

1997년 IMF를 기점으로 기업은 줄도산하고 수많은 아버지가 직장을 잃었다. 그때부터 평생직장이라는 말은 없어지고 공무원 직업이 빛을 발했다. IMF 이전의 공무원은 지금과 달랐다. 부모세대에게는 '최후의 보루'라 여겨질 정도로 인기가 없었다. 쥐꼬리 월급을 충당하기 위해 뒷거래가 기승했다. 지금은 법과 제도가 정비되는 과정에서 탈법 행위는 줄었다. 그래도 기업 입장에서는 여전히 갑이고, 일반인 입장에서는 죽을 때까지 연금 대상이다. 근데 연금도 쪼개졌다. 과거 경험을 깊게 새겨들을 필요가 있다. 하지만 현재 상황에 대한 판단은 본인이 내려야 한다. 현대인이라면 변화에 필요한 지식과 쓸모없는 지식을 걸러내야 한다. 쓸모 있는 지식은 살아가는 데 필요한 지식이다. 이 것은 좋아하는 일 또는 잘하는 일이면 좋다.

시대는 빠르게 변해간다. 직업도 다양해지고 있다. 반면 꿈을 공무원이라고 말하는 아이들이 많다. 대통령, 과학자, 발명가, 축구선수, 발레리나가 아니라 철밥통이다. 그들은 어디선가 들어서 안정된 직장이라는 인식을 가지고 있다. 여기에 그치지 않고 요즘 아이들은 너희 집 얼마냐고 대화한다. 어른들은 반성해야 한다. 아이들은 지극히 현실적인 상황을 제 입맛에 맞게 흡수한다. 그렇다고 영화에서나 책임질 수 있는 카르페디엠만 외치면 곤란하다. 과거 경험과 현재 상황을 비교하여 구분해야 한다. 직접 두드려보고 건너도록 하자.

좋아하는 일과 잘하는 일, 할 수 있는 일과 해야 하는 일을 구분하라

인생의 활로는 스스로 찾아가야 한다. 수능이 인생을 결정짓는 시기는 지났다. 현실은 수능이 끝나면서부터 적성 선택의 어려움에 직면한다. 고등학교를 갓 졸업한 아이들은 적성과는 무관하게 성적으로 대학을 선택한다. 어쩌다 택한 전공은 적성에 맞지 않아 방황하다가 대학을 졸업한다. 심지어 취직도 적성에 맞지 않는 것을 선택한다. 그러다보니 정작 원하는 것을 모른 채 사회생활을 시작한다. 나중에 가서야 이 꼬인 실타래를 풀기란 정말 쉽지 않다.

소속을 찾아다니는 청년들이 늘어나고 있다. 원하는 대학에 못 들어가면 재수생으로 갈아탄다. 대학에 들어가도 취업을 못하면 대학원이나 공무원 준비생으로 환승한다. 공부할수록 눈은 높아지고 월급이 적은 기업은 거들떠보지 않는다. 그러다 보니 석사, 박사도 넘쳐난다. 재밌는 건 그렇게 원하는 기업에 들어가서도 1년을 못 버틴 채 나온다는 사실이다. 무엇을 원하는지 모르고 남들이 가는 길을 따라가는 게 현실이다. 대학간판과 기업을 잇는 브릿지는 기능을 상실한 지 오래다. 원하거나 좋아하는 일이 아니라면 우회하는 게 좋다. 알다시피 바늘구멍이다.

이분법적 사고로는 이 시대를 살아가기 힘들다. 아직까지 "문과는 밥벌어 먹기 힘들어, 기술 하나만 있어도 먹고 살아."라고 말하는 사람들이 있다. 의대나 법대를 나와도 힘들기는 매한가지다. 선진국으로 갈수록 직업은 누구나 누릴 수 있는 평준화를 지향한다. 하물며 '개천에서 용 났다'는 시대도 저물었다. 지금은 고시라기보다 7급 공무원, 전문직이 삼시(외무, 사법, 행정고시)급에 준하는 시험이다.

앞으로의 직업을 선택하는 데 4차 산업혁명은 필수자료다. 새로 생기거나 없어지는 직업군이 무엇인지 살펴볼 필요가 있다. 좋아하는 일은 직업분류에 없는 경우가 많다. 잘하는 일은 전문직에서 벗어나는 일이 거의 없다. 대체로 좋아하는 일을 하는 사람은 악조건이라도 감수한다. 전문직은 다른 산업과 연계할 수 있는 차선책이 있어야 한다. 시간을 갖고 고민해보는 게 좋다. 지독한 사색과 정보전이 이 승부의 관건이다. 참고로 미국과 일본의 직업 수는 한국의 3배, 2배라고 한다. 조사해보면 들어보지도 못했을 뿐더러 국내에서는 가능할지 의문이 드는 직업이 많다.

아이디어로 승부하라

레드오션이라도 갈아엎을 수 있는 게 아이디어다. 전략기업이나 강소기업이 살아남을 수 있는 이유는 기술력에 있다. 신규성, 진보성, 선출원 개념을 토대로 직업을 살펴보자. 얼마나 새로운 직업인지, 산업상 용이하게 이용 가능한지, 선두주자로 나선 기업은 없는지 찾아보자. 그들이 어떻게 진입하고 헤쳐 나갔는지 조사하고 분석해야 한다. 멀리 내다보고 준비해야 한다. 최초 아니면 전혀 다르거나 압도적이야 한다.

일단 창작은 블루오션이다. 플랫폼은 텍스트를 퍼트릴 수 있는 발판이다. 아이디어는 인터넷을 통해 쉽게 퍼트릴 수 있다. 사업자, 광고주, 사용자의 삼면관계는 자금 유동이 어떤 식으로 흘러가는지 파악하고 진행하는 데 필수다. 구체적으로 구글, 네이버, 유튜브, 페이스북 이 어떻게 수익을 얻는지 책을 통해 공부할 수 있다. 사실 인터넷, 자동차, 스마트폰 회사라는 경계도 허물어진지 오래다. 창업도 말이 좋아 창업이지 하나의 사업이다. 리스크를 감안하고 오차를 줄여야 한다.

일단 남들이 안 하는 걸 좇는 게 맞다. 시간이 지날수록 직업은 없어지고 기계가 대체한다. 기존 전문지식을 융합해 새로운 시장을 내다보는 게 좋다. 계획한 일이 선진국에서 얼마나 상용화돼 있는지, 국내 시장에서는 희소성이 있는지, 틈새시장은 없는지 살펴봐야 한다. 앞으로는 5번 직업을 바꾸는 시대라고 한다. 불확실성 시대에 영향을 받지 않는 사람은 이를 준비한 사람이다. 블루오션을 선택하는 일이다. 좋아하는 일이라면 레드오션이라도 마다하지 않을 것이다.

나는 건축공학과를 나왔지만 독서와 글쓰기, 책 쓰기를 가르치고 있다. 좋아하면서 희소성 있고 아이디어로 먹고살아야 하는 일을 찾았다. 책과 글을 좋아한다는 사실도 뒤늦게 깨달았다. 독학하면서 사람들을 만나고 조언을 들었다. 살아가는 데 필요한 지식은 언어와 사칙연산이면 충분했다. 써먹을만한지는 직접 겪어보는 수밖에 없다. 모두 해봐야 가늠할 수 있다. 돌이켜보면 버릴 건 아무것도 없었다.

중학교 1학년 제자가 소금물 농도 구하는 문제를 물어봤다. 20년 전 지겹게 풀었던 문제라 만만해보였다. 5분을 애써 고민하고 풀었는데 틀렸다. 더군다나 답지를 봐도 애매해서 이론을 참고하고 이해했다. 제자에게 부끄럽거나 미안하지는 않았다. 단지 '너 어려운 공부 하는구나, 대단한데.'라고 한마디 했다. 하지만 정작 궁금한 건 소금의 쓸모였다. 간 맞추기 위한 소금을 두고 숫자가 짠맛을 알 리 없다. 다시 생각해도 지금까지

큐빅리딩

음식에만 사용하고 있고 앞으로도 그럴 것 같다.

촘스키는 "교육은 복종이 아닌 격려하고 도전하도록 자극하는 일"이라고 했다. 부모는 자녀 꿈이 명문대라면 유수대학 캠퍼스 투어를 함께 하라. 아이들이 직접 눈으로 확인하고 필요성을 느껴야한다. 그보다 좋은 건 자녀가 원하는 꿈을 직접 찾아가게끔 유도하는 일이다. 꿈을 가진 청년이라면 말이 필요 없다. 자신 있게 질러라. 당당하게 밀어부처라. 두려워 말고 확신을 가져라. 누구든 당신에게 뭐라 할 자격 없다. 주변에서 눈치주면 무시해라. 아직까지 꿈을 모르거나 해보지도 않은 사람들이다. 실수하면 미안하고 몰랐다고 잡아떼라. 젊음은 패기가 생명이다. 꿈은 소신이다. 소신은 경험을 만들고 상황을 이겨낸다. 나는 당신을 이해하고 응원한다. 똑같이 꿈꾸는 사람으로서 존경한다.

익명의 독서가에게 보내는 편지

나는 독서가들을 존경한다. 그들은 내가 모르는 책을 읽었고 다른 세상을 바라보고 있다. 독서 강국이 경제대국이란 공식은 이제 놀랄만한 일도 아니다. 독서한다고 성공한다는 보장은 없지만 성공한 사람들은 모두 독서했다고 하지 않은가. 정확히 말하면 몇몇 독서가들이 경제에 보탬 한다. 어찌됐든 성공여부를 떠나 독서가들은 무한한 잠재가능성을 가지고 있다.

헨리 데이빗 소로우는 독서에 대하여 "독서를 잘하는 것, 즉 참다운 책을 참다운 정신으로 읽는 것은 고귀한 '운동'이며, 오늘날의 풍조가 존중하는 어떤 운동보다도 독자에게 힘이 드는 운동이다. 그것은 운동선수들이 받는 것과 같은 훈련과, 거의 평생에 걸친 꾸준한 자세로 독서를 하려는 마음가짐을 요한다. 책은 처음 쓰였을 때처럼 의도적으로 그리고 신중히 읽혀야 한다."고 했다. 그리고 "책이 쓰인 언어를 말할 수 있는 것만으로는 충분치 않다. 왜냐하면 말로 한 언어와 글로 쓴 언어, 듣는 언어와 읽는 언어 사이에는 상당한 간격이 있기 때문이다. 전자는 대개 일시적인 것으로 하나의 소리, 하나의 혀 또는 하나의 방언에 지나지 않으며 우리는 그것을 동물처럼 무의식적으로 우리의 어머니로부터 배운다. 후자는 전자가 성숙되고 경험이 쌓여서 이루어진 말이다. 전자가 '어머니의 말'이라면 후자는 '아버지의 말'이며 신중하고 선택된 표현이다. 이 표현은 단순히 귀로 듣기에는 너무 깊은 의미를 가졌으며, 이것을 입으로 말하려면 다시 한 번 태어나야 하는 것이다"라고 했다.

내가 절대 허투루 보지 않는 사람들이 독서가다. 위대한 독서가는 텍스트에 사로잡히지 않는다. 그들은 텍스트가 세뇌시키는 기능이 있다는 사실을 이미 알고 있다. 오토 루트비히는 "인쇄술이 등장하기 전에도 이미 쓰기를 통해 인지의 폐쇄성이 발생했다. 쓰기는 모든 대화 상대방과 분리되어 글을 적는 평면에 사고를 고립시키고 표현을 독립시키고 모든 공격

큐빅리딩

에서 벗어나게 만든다. 그렇게 함으로써 쓰기는 표현과 사고가 모든 의무에서 벗어나 자기 내면에 들어 앉아 완성된다는 생각을 갖게 한다."라고 했다.

책을 신봉하고 자유롭게 빠져나오지 못해 텍스트에 허우적대는 사람이 있다. 얼마나 책이 위험하면 무생물을 모아놓고 화형식까지 거행했겠는가. 중국 진시황의 분서갱유 사건이 그랬고 독일 마케팅 끝판왕 괴벨스가 그랬다. 젊은 괴테는 "무생물이 처벌받는 현장을 보는 것은 그 자체만으로도 끔찍한 일"이라고도 했다. 선의든 악의든 시기적절하게 활용하는 이들 모두 독서가다.

독서가는 기회가 많다. 마음속 도덕법칙을 세우고 '개개인의 자유'와 '만인의 평등'을 어떻게 적용할지 고민한다. 공익은 사익에서 출발해서 고도로 문명화 된 행위다. '자유'라는 건 국가나 사회 시스템에 구속받지 않는 상태를 말한다. 법과 시스템의 프로세스를 알고 있으며 언제든지 비집고 들어갈 만한 틈새를 알고 있다. '평등'이라는 것도 선동에 활용할 수 있다는 사실을 알고 있다. 공익에 가까울수록 마케팅 기술이 들어간다. 마케팅은 국민, 우리, 고객, 모두를 말하는 포장의 기술이다. 법을 어기든 사람을 홀리든 이들 모두 독서가다. 16)

돈을 다르게 표현하는 말은 많다. 정치에서는 표, 방송에서는 시청률, 금융이나 통신에서는 정보와 데이터, 중개인들은 수수료다. 표를 얻으려면 사람들을 현혹시켜야하고 시청률을 높이려면 자극적인 내용을 송출해야 한다. 금융상품이나 데이터를 쓰게 하려면 자기네들도 이해하기 힘든 상품을 만들어야 하고, 수수료를 얻으려면 가운데 서서 양쪽 정보를 차단하고 망하게 해야 한다. 돈이 흐르는 곳에는 항상 중개인이 버티고 있다. 한겨레 기획보도 '창업 컨설팅' 편을 예시로 어떤 산업이든 적용할 수 있다. 알고 있으면 이용할 수 있지만 당하지는 않는다. 이들은 악용하는 독서가다. 17)

따라서 나는 정치인들이 말하는 국민에 속하지 않는다. 국민 소리 그만하고 정확히 우리당원이라고 말했으면 좋겠다. TV는 영화 한 편 보는 게 가장 좋다. 다른 프로는 분석하면서 본다. 스마트폰은 반드시 업무적으로 필요하기 때문에 되도록 만지지 않으려고 노력한다. 중개를 하면 양쪽 정보를 협상 테이블에 모두 깔아놓고 시작한다. 사람을 얻는데 주력한다. 나는 단 한사람을 얻기 위해 노력하는 이기적이고 비판적인 독서가다.

나는 교육하는 독서가다. 교육과 훈육의 궁극적인 목표는 아이들의 '자립'이다. 가족 울타리를 벗어나 생존전선에서 살아남을 수 있도록 이상과 현실을 모두 가르친다. 모든 근원인 가족을 위해 인성교육을 하고, 당하지 않기 위해 공부하는 것이라고 말한다. 뜻대로 되지 않는 세상에서 마음의 안식처를 마련하고, 사회에 나가 인간 군상을 파악하고 이해하기 위해서다. 시대를 관통하는 진리를 알아서 깨우치도록 하기 위해서다.

같은 책을 읽어도 다른 생각을 하는 게 독서토론의 묘미다. 방식은 읽기 · 쓰기 · 듣기 · 말하기다. 시중의 책과 신문을 활용한다. 도서선정 기준은 아이들 역량에 따라 천차만별이다. 아이들마다 산발된 지식을 정리할 수 있는 역량이 다르다. 궁극적으로 인문과 고전으로 유도한다. 내 역할은 아이 스스로 책을 찾아갈 정도면 거기까지다. 나에게 배울게 없으면 떠나라고 한다. 언제까지고 의지하게 할 수 없다. 도전의식과 독립심에서 멀어지기 때문이다.

아직까지 독서를 입시에 연결시키는 장사치가 많다. 쌀로 밥 짓는 얘기는 그만했으면 한다. 죽을 때까지 해야 하는 게 공부인데 수능이 인생 끝인 것처럼 말한다. 알면서도 기승전'독'이다. 잡스 대단한 줄 알면서도 잡스처럼 안 키우는 게 현실이다. 독서는 인생처럼 모르면 찾아볼 수 있는 오픈 북이다. 시험은 인생과는 다르게 외운 게 안 나오면 허우적대는 클로즈 북이다. 하지만 이들도 분명 독서가다.

생각이 트여있는 부모는 다르다. 반대로 막혀 있는 부모는 똑같다. 미래를 말해도 과거에 머물러 있다. 나는 인생을 논하는데 그들은 수능 얘기만 한다. 나는 내가 잘하는 것을 가르치는 게 맞다고 한다. 국어 가르칠 시간에 단행본을 읽고 글을 생산한다. 내 역량을 키우는 게 서로에게 도움을 준다. 그래도 아이들에게는 동기부여 한다. 대학이 책임져주는 세상은 아니지만 유리하게 써먹을 수 있는 날이 올 거라고 말한다. 불가능한 꿈을 꾸게 하고 공부의 필요성을 스스로 느끼게끔 가르친다.

교육은 백년대계의 국책사업이다. 기간산업이면서 핵심산업이다. 더 큰 문제는 저출산이다. 사람이 있어야 교육도 논할 수 있다. 57년생 아버지 당시 초등학교는 한 학교에 대략 10,000명이 다녔다고 한다. 반이 부족해서 나이가 다르지만 같은 학년 학생이 뒤섞인 상태였다. 한 학급에 90명이 모여 학년별로 세 타임을 돌아가면서 수업을 들었다고 한다.

〈서울신문〉 [그때의 사회면] "나는 학교가 싫어요 – 콩나물 교실 129개 학급 1·2학년 3부제 수업", 2019.3.11
http://naver.me/GtPNQzFe

85년생인 나는 40명 내외였다. 지금 2005년생은 한 반에 20명 내외다. 누구나 바로 확인할 수 있다. 궁금하면 지금 옆 사람에게 초등학교 당시 학급정원을 물어보라. 앞으로는 어떻게 될까? 극단적인 상황이라면 서울대에서 정원미달로 입학홍보를 해야 할 날이 올지도 모른다. 유수대학 순으로 인원이 채워지고 남아도는 대학교는 폐교해야 할 것이다. 대학은 교육 이전에 사업체이기 때문이다. 교육도 입시도 먼저 사람이 있고 볼 일이다.

아이를 낳는 환경이 최우선이다. 그러려면 양육비를 쥐어줄 기업이 먼저다. 기업이 잘돼야 우수 인재를 뽑을 여력이 생긴다. 회사가 죽어 나갈 판국에 젊은 피라고 무턱대고 받아주지 않는다. 부족한 부분은 사회적 제도를 통해 보충하고 합의해야 한다. 그럼에도 불구하고 현재 결혼해도 아이를 낳지 않는 문화가 자리잡고 있다. 낳고 싶어도 그러지 못하는 환경이라지만 이건 조금 위험하다. 알다시피 기업이고 사람이고 한국을 떠나고 있다. 날이 갈수록 태어날 아이가 적어지고 그나마 있던 사람마저 등돌리고 있다. 사람이 없다면 독서는 논할 가치도 없다.

실천하는 독서가는 위험하다. 그들은 내 경쟁 상대이며 마음만 맞는다면 언제든 의기투합할 수 있다. 나는 기업가 정신을 존경하고 그 정신을 계승하려 한다. 한글로 돼있는 건 이해 못할 것 없다. 필요한 지식이 있으면 언제든 말하라. 부족한 공부는 하면 그만이다. 취미가 공부고 특기가 실천이다. 글로 할 수 있는 건 다해보려고 한다. 내가 읽는 모든 책은 도서 분류를 망라하고 실용서다. 써먹을 텍스트를 읽고 결국에는 생산하기 때문이다. 나는 구현하는 독서가다.

위대한 독서가는 내 의도를 알 것이다. 이 글 역시 내 생각이니 참고용도다. 누구도 당신 인생을 책임져주지 않는다. 하지만 나와 마음이 맞는 익명의 독서가여. 당신은 무슨 생각을 하고 있는가. 나는 당신 생각을 듣고 싶다. 거창하게 세상을 바꾸자는 거짓말을 하기는 싫다. 같은 뜻과 생각이 맞는 사람이 모이면 알아서 바뀔 일이다. 나는 당신과 하고 싶은 게 많다. 이제 고민 그만하고 연락하라.

나는 종이냄새보다 사람냄새가 좋다. 항상 같은 자리에서 읽고 쓰면서 기다리고 있겠다. 이제 얼굴보고 얘기하자.

시간을 장황하게 늘리면 사람의 삶은 보이지 않는 방점에 불과하다. 100세 인생이라지만 당장 내일 일어날지 모르는 사고에 죽어버릴 운명이라면 삶과 죽음은 같은 선상에 흐르고 있는지도 모른다. 확장하는 우주에 적응하려는 듯, 인간은 관계를 맺고 영역을 넓혀 나간다. 사람 하나가 보는 시각과 다른 사람이 보는 시각이 시간을 이루고 '인간'이라는 사이공간을 만든다. 화엄에서 말하는 존재 이전에 관계가 먼저라면 어쩌면 공간은 시간의 또 다른 표현일지도 모르겠다.

생각하게끔 만드는 책을 좋아한다. 시간의 스펙트럼에서 현재를 중심으로 과거와 미래를 구분해 읽기 시작했다. 시간을 넘나들어야 앞으로 잘 살아갈 수 있기 때문이다.

키워드가 '과거'라면 포인트는 역학(逆學)이다. 거슬러 올라가봐야 한다. 시계든 커피든 아무리 사소한 것이라도 존재의 역사가 있다. 웬만하면 인터넷보다는 책을 통해 압축된 지식을 공부할 수 있다. 콘셉트로 잡은 읽기·쓰기·듣기·말하기도 역사가 있었다. 읽기·쓰기는 『독서의 역사』와 『쓰기의 역사』, 듣기·말하기는 『수사학/시학』이다. 『미래의 역사』, 『생각의 역사』와 『생각의 탄생』이라는 책까지 있는 걸 보면 일단 먼저 적어놓는 사람이 유리하겠다는 생각도 든다.

『시간의 역사』와 『코스모스』를 읽으면 절대시간과 절대공간은 없다는 사실을 알 수 있다. 『호모사피엔스』를 감명 깊게 읽고 유발 하라리가 제러드 다이아몬드에게서 모티브를 얻었다는 사실을 알았다. 그리고 『총균쇠』를 찾아 읽었다. 이후 진화에 관심이 많아져서 『이기적 유전자』를 읽었다. 『종의 기원』은 샀났지만 아직 읽지 않았다. 두꺼운 책장을 한 번 넘기는 순간 에너지를 많이 소비해야 할 것 같아 두렵기 때문이다. 지식의 뿌리를 찾아가는 일은 쉽지 않다. 하지만 이런 식으로라도 확장해 나간다.

'현재'는 살아 있는 사람들의 이야기다. 자기계발서가 궁극적으로 하는 메시지는 '너는 할 수 있어.'다. 주의할 점은 비약적인 성공 스토리다. 지금은 반드시 가난하거나 고난의 역경을 이겨내야만 성공이라 하지 않는다. 자본주의 시스템에서 돈으로 돈을 불리는 성공도 성공이다. 다만 안타깝게 공부 한 자 안하고 주식, 부동산, 사업하겠다는 사람이 주위에 많다. 공부를 해도 될까 말까한 게 현실인데 말이다.

대표적인 성공 사례로 스티브 잡스가 있다. 인용을 많이 접하다 보니 평전으로 넘어갔고 자연스럽게 세상을 바꾼 사람들을 찾아보기 시작했다. 그렇게 빌 게이츠와 제프 베조스, 엘론 머스크, 마윈과 같은 공룡 기업가들의 일대기를 들춰보기 시작했다. 이를 바탕으로 경제, 경영서를 읽기 시작했다. 그렇게 피터 드러커, 필립 코틀러를 만났다. 하지만 이런 책을 읽었다고 인생이 바뀔 리는 없다. 아무리 읽어도 저자가 인생을 책임 져주지 않는다. 독서로 부자 순위를 매긴다면 도서관 사서들이 다 차지할 것이라고 워런 버핏이 말하지 않았는가. 읽을 때도 비판적이고 참고용도 로 봐야 하는 이유다.

'미래'는 기업가 정신과 연관이 있다. 키워드는 '언어의 선점'과 '기록' 그 리고 '확산'이다. 4차 산업혁명이라는 단어도 독일의 Industry 4.0이 시초 라고 알려져 있다. 알다시피 자본 꼭대기에 위치한 공룡 기업들이 피라 미드 상단을 차지하고 있다. 작년 『에릭 슈미트 새로운 디지털 시대』를 읽 었을 때가 생각난다. 초판이 한참 지났음에도 온통 '~할 것이다.'라는 미 래형으로 적혀 있었다. 개인적인 생각으로는 맞는 것도 있지만 아닌 것도 있었다. 일어나지도 않은 일을 예언하는 말은 불안감을 조성할 수밖에 없 다.

놀라운 건 기업은 미래를 적어놓고 실행해간다는 사실이다. 미래가 급 변하고 있으니 서둘러 대비해야 한다고 말한다. 이윤을 목적으로 공격적 인 전략을 펼치는 기업과는 달리 이면을 모르는 소비자는 손을 놓을 수밖 에 없다. 기업 입장에서는 적어놓거나 선언한다고 해서 손해 볼 일은 없 을 것이다. 실패하더라도 성장했기 때문에 얻는 게 더 많다.

꿈과 성공, 실패를 좌지우지하는 세상만사가 책 안에 담겨 있다. 그렇다고 정해진 건 아무것도 없다. 하지만 사람들이 원하는 건 말로만 떠드는 게 아니라 보여주는 사람이다. 자기만의 스토리를 만들어가야 한다. 그게 플랫폼이 되기 때문이다.

가족을 따라 알베르토 자코메티 전시회에 갔다. 장 폴 사르트르와의 친분을 넘어 실존철학을 예술로 승화시킨 그였다. 피카소를 두고 '예술가가 아니라 천재에 불과하군.'이라고 한 말이 그렇게 멋져 보였다. 죽기 전까지 조각하던 영상은 엄숙하고 장엄하다 못해 섬뜩하기까지 했다. 그가 응시하는 곳은 분명 다른 세계였다. 그래도 그의 '시선'처럼 멀리 내다보고 걸어가는 사람이 되고 싶었다.

진중함은 오래가지 않았다. 우연히 조카 네서 『열심히 하지 않습니다』를 읽었다. 한 여성작가가 중년에 쓴 글로 개성이 넘치고 솔직 담백했다. 딱 이 문장에서 내 고정 관념이 깨졌다. "자코메티의 조각같이 삐쩍 말라 비틀어져 있는 나의 재정 형편을 생각하며 마음이 슬퍼진다." 읽는 순간 내가 생각하는 자코메티 세계관이 빈곤으로 전락하고 내 처지가 되었다. 한참 폭소하며 어이없이 쳐다봤다. 만약 살아 있는 그녀에게 예술 운운하면서 따지고 든다면 "그래서 뭐 어쩌라고."라고 하지 않았을까. 한 작품을 두고 나는 예술이라 받아들였지만 누구는 지갑이라 말했다. 그녀에게 한 수 배웠다.

나는 한 평생을 망치질한 장인을 알고 있다. 나는 그를 존경하며 그의 눈빛을 좋아한다. 그는 눈으로 수평을 맞추는 만능엔지니어다. 그렇게 40년 가까이 망치로 정을 후려치고 핀과 타이로 거푸집을 짜면서 건축물을 세웠다. 항상 그는 작업에 앞서 먼 곳을 응시한다. 빈 터를 지그시 바라보는 시선은 무언가를 만들어내려는 '생산의 시점'이다. 동시다발적인 작업이 그의 머릿속에 들어있다. 계산이 끝나면 망치를 든다. 그리고 어떻게든 만들어낸다.

철학은 배부른 사람들의 농담 따먹기라고 했던가. 책은 도끼라고 말한 사람은 카프카다. 의도는 생각을 깬다는 의미일 터. 비슷하게도 책은 망치라고 하면 목수는 헛소리라고 할 것이다. 그게 누구냐고 당장 데려오라 할 것이다. 망치질 한 번 안해 본 사람이 할 수 있는 게 글과 말이다. 말장난은 누구나 할 수 있지만 구현은 누구나 할 수 없다. 공부하는 건 대단한 게 아니다. 공부로 새로운 것을 일구는 게 대단한 거다.

독서도 이렇지 않겠는가.

마치며

참고자료

『독서의 역사』, 알베르토 망구엘, 세종서적

『쓰기의 역사』, 오토 루트비히, 연세대학교대학출판문화원

『수사학/시학』, 천병희, 숲

『읽지 않은 책에 대해 말하는 법』, 피에르 바야르, 여름언덕

『그림으로 보는 시간의 역사』, 스티븐 호킹, 까치글방

『코스모스』, 칼 세이건, 사이언스북스

『에필로그』, 칼 세이건, 사이언스북스

『이기적 유전자』, 리처드 도킨스, 을유문화사

『호모사피엔스』, 유발 하라리, 김영사

『호모데우스』, 유발 하라리, 김영사

『총균쇠』, 제레드 다이아몬드, 문학사상사

『서양미술사』, 에른스트 곰브리치, 예경

『생존의 조건』, 이주희, MID

『메이커스 앤드 테이커스』, 라나 포루하, 부키

『넛지』, 리처드 탈러, 리더스북

『문화적 맑스주의와 제임슨』, 프레드릭 제임슨, 창비

『엘빈 토플러 부의 미래』, 엘빈 토플러, 청림출판

『21세기 자본』, 토마 피케티, 글항아리

『프레임』, 최인철, 21세기북스

『한국의 출판기획자』, 기획회의 편집위원회, 한국출판마케팅연구소

『세계전자책 시장은 어떻게 움직이는가』, 류영호, 한국출판마케팅연구소

『출판하는 마음』, 은유, 제철소

『기획은 2형식이다』, 남충식, 휴먼큐브

『맥킨지 문제해결의 기술』, 오마에 겐이치, 일빛

『맥킨지식 전략 시나리오』, 사이토 요시노리, 거름

『맥킨지식 사고와 기술』, 사이토 요시노리, 거름

『로지컬 씽킹』, 테루야 하나코, 일빛

『논리의 기술』, 바바라 민토, 더난출판사

큐빅리딩

『논리적 글쓰기』, 바바라 민토, 더난출판사

『에디톨로지』, 김정운, 21세기북스

『장르 글쓰기』, 리 마이클·스낸시 크레스, 다른

『장선화의 교실밖 글쓰기』, 장선화, 스마트북스

『한승원의 글쓰기 비법 108가지』, 한승원, 푸르메

『한승원의 소설 쓰는 법』, 한승원, 랜덤하우스 코리아

『내 문장이 그렇게 이상한가요?』, 김정선, 유유

『언어 공부』, 롬브 커토, 바다출판사

『지식 e』, EBS 지식채널 e, 북하우스

『촘스키의 통사구조』, 노암 촘스키, 알마

『소쉬르의 마지막 강의』, 페르디낭 드 소쉬르, 민음사

『기호학과 뇌인지과학의 커뮤니케이션』, 조창연, 커뮤니케이션북스

『인문학 기호학을 말하다』, 송효섭, 이숲

『언어와 인지』, 임혜원, 한국문화사

『한글』, 김영욱, 루덴스

『알고리즘 도감』, 이시다 모리테루, 제이펍

『독서의 힘』, 〈독서의 힘〉 편집출판위원회, 더블북

『책을 읽는 사람만이 손에 넣는 것』, 후지하라 가즈히로, 비즈니스북스

『먹고사는 데 걱정없는 1% 평생 일할 수 있는 나를 찾아서』, 후지하라 가즈히로, 하우넥스트

『유리감옥』, 니콜라스 카, 한국경제 신문

『생각하지 않는 사람들』, 니콜라스 카, 청림출판

『아마존 세상의 모든 것을 팝니다』, 브레드 스톤, 21세기북스

『스티브 잡스』, 월터 아이작슨, 민음사

『논백 경쟁 전략』, 신병철, 휴먼큐브

『제로 투 원』, 피터 틸, 한국경제신문

『10년 후 4차산업혁명의 미래』, 미래전략정책연구원, 일상이상

『에릭 슈미트 새로운 디지털 시대』, 제러드 코언, 알키

『클라우스 슈밥의 제4차산업혁명』, 클라우스 슈밥, 새로운 현재

『필립 코틀러의 마켓4.0, 필립 코틀러』, 더퀘스트

『2019 한국이 열광할 세계 트렌드』, KOTRA, 알키

『TED TALKS』, 크리스 앤더슨, 21세기북스

『최고의 설득』, 카민 갤로, 알에이치코리아

『피터 드러커의 최고의 질문』, 피터 드러커/프랜시스 헤셀바인, 다산북스

『성공하는 사람들의 7가지 습관』, 스티븐 코비, 김영사

『Maximum Achievement 잠들어 있는 성공시스템을 깨워라』, 브라이언 트레이시, 황금부엉이

『마인드 파워』, 존 키호, 김영사

『스무 살에 알았더라면 좋았을 것들』, 티나 실리그, 엘도라도

『스무 살에 배웠더라면 변했을 것들』, 티나 실리그, 엘도라도

『시작하기 전에 알았더라면 좋았을 것들』, 티나 실리그, 마일스톤

『엄마를 위한 미움받을 용기』, 기시미 이치로, 스타북스

『나이든 부모를 사랑할 수 있습니까』, 기시미 이치로, 인플루엔셜

『잠시 멈춤이 필요한 순간』, 저우궈핑, 한빛비즈

『우리는 언젠가 죽는다』, 데이비드 실즈, 문학동네

『극한의 경험』, 유발 하라리, 옥당

『월든』, 헨리 베이비드 소로, 은행나무

미주

1) 다이아몬드를 단단하게 만드는 정사면체, 〈EBS MATH〉.
(http://www.ebsmath.co.kr/url/go/20615)
2) 기업 로고에 숨은 메시지, 〈중앙일보〉, 2015년 6월 13일.
(https://news.joins.com/article/18015887)
3) [고두현의 문화살롱] '호킹 지수'와 역마차 밴드, 〈한국경제〉, 2018년 3월 29일.
(https://www.hankyung.com/opinion/article/2018032943901)
4) 매설가 직업, 〈조선일보〉, 2012년 7월 29일.
(http://m.chosun.com/svc/article.html?sname=news&contid=2012072901416)
5) 외화 번역가 이미도 "하루치 신문, 300쪽짜리 책 한권 읽는 셈", 〈조선일보〉, 2012년 9월 5일.
(http://news.chosun.com/site/data/html_dir/2012/09/05/2012090500201.html)
6) 소설가 조정래 "50년 글 써도… 늘 무능함을 탄식하는 제례를 치른다",
〈동아일보〉, 2015년 6월 6일. (http://news.donga.com/3/all/20150606/71671472/1)

7) 한지붕 4세대, 몸살난 대기업, 〈동아일보〉, 2013년 7월 15일.
(http://news.donga.com/3/all/20130715/56448832/1)

8) [Cover Story] 시대의 키워드 '소통'… 전달도 기술이다, 〈한국경제〉, 2014년 6월 9일.
(https://www.hankyung.com/article/2014060500671)

9) [김호의 궁지] 치알디니와 다이아몬드, 〈한겨레〉, 2012년 3월 13일.
(http://www.hani.co.kr/arti/opinion/column/523251.html)

10) [오늘과 내일/고미석] "잘 들어줬을 뿐인데요", 〈동아일보〉, 2010년 5월 20일.
(http://news.donga.com/3/all/20100520/28475165/1)

11) 황희 정승이 농부에게 배운 바른 언행의 교훈, 〈디트뉴스〉, 2017년 8월 20일.
(http://www.dtnews24.com/news/articleView.html?idxno=431664)

12) 왜 우리는 대학을 가는가 – 5부 '말문을 터라', 〈EBS〉, 2014년 1월 28일.
(https://home.ebs.co.kr/docuprime/newReleaseView/254)

13) "4년간 고전 200권 읽고 토론" 세인트존스칼리지의 교육법, 〈중앙일보〉, 2018년 11월 22일
(https://news.joins.com/article/23145832)

14) [만물상] 마지막 날의 유머, 〈조선일보〉, 2018년 12월 8일.
(http://news.chosun.com/site/data/html_dir/2018/12/07/2018120703069.html)

15) 이상준 대표 "모임 갈땐 유머를 적어가세요", 〈매일경제〉, 2011년 10월 7일.
(https://www.mk.co.kr/news/society/view/2011/10/649830)

16) [조용헌 살롱] 빙공영사, 〈조선일보〉, 2019년 1월 28일
(http://news.chosun.com/site/data/html_dir/2019/01/27/2019012701514.html)

17) "속는 줄도 몰랐다" 창업초보 '컨설팅 사기' 소송도 못 걸고 눈물만,
〈한겨레〉, 2019년 3월 22일. (https://n.news.naver.com/article/028/0002447393)